OCULUM ASTROFOTOGRAFIE-BIBLIOTHEK

AF705105

Ullrich Dittler

DIE SONNE FOTOGRAFIEREN

Eine Einführung für Hobby-Astronomen

Inhalt

PRAXIS DER SONNENFOTOGRAFIE 81

BILDVERARBEITUNG 93

ANHANG

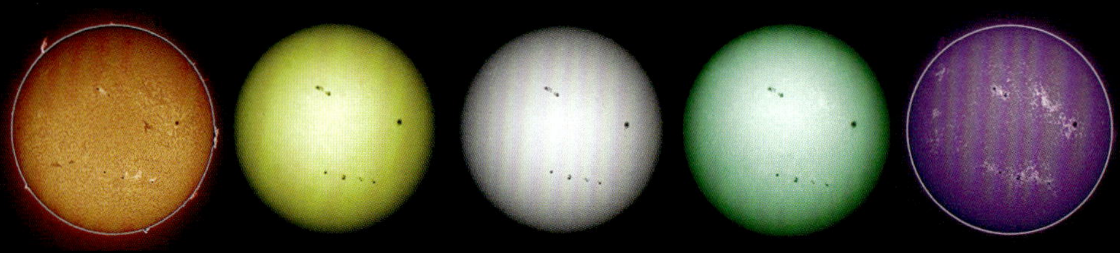

Zahlreiche Fleckengebiete, darunter die große zentrale aktive Region AR13315, zeigen sich am 26.4.2023 auf den Aufnahmen der Sonnenscheibe im Hα-Licht (656nm), im Natriumlicht (589nm), im Weißlicht (540nm), im Magnesium-Licht (517nm) sowie im Kalzium-Licht (393nm). Die Aufnahmen der Sonnenscheibe im Hα-Licht entstanden mit einem Coronado SolarMax 90 an einem Takahashi FC-76DS (Brennweite 570mm, Öffnung 76mm); für die Aufnahme im Weißlicht kam ein Astro Solar Safety Film Photo (ND=3,8) mit Baader Solar-Continuum-Filter und für die Aufnahmen im Kalzium-Licht (K-Linie) ein Lunt CaK-Modul an der gleichen Optik zum Einsatz. Die Aufnahmen im Magnesium- bzw. im Natrium-Licht entstanden mit einem Daystar Quark Magnesium-Filter bzw. einem Daystar Quark Natrium-Filter an einem Canon-Objektiv (Brennweite 135mm, Öffnung 67mm). Mit einer Kamera vom Typ PointGrey Grasshopper3-U3-28S5M wurden jeweils 2500 Bilder aufgezeichnet, von denen dann je 500 für das Summenbild verwendet wurden.

Einleitung

Die Beobachtung und Fotografie der Sonne ist faszinierend, denn die Sonne ist unser nächster Stern und bietet uns durch ihre Nähe Einblicke, die wir bei keinem anderen Stern gewinnen können. Zudem vereint die Sonne viele interessante Aspekte:

- Die Sonne verändert täglich ihre Ansicht: Wir können das Entstehen und Vergehen von Sonnenflecken, Flares und Protuberanzen über mehrere Stunden oder gar Tage verfolgen und fotografisch dokumentieren.
- Die Sonne präsentiert sich je nach Beobachtungsinstrument und fotografischem Equipment unterschiedlich: Mit einer kleinen Optik können wir Fleckengebiete und aktive Regionen abbilden, während wir in einer größeren Optik auch die granulare Struktur der Sonne (und deren Veränderung innerhalb weniger Minuten!) fotografieren können.
- Die Sonne zeigt fotografisch ganz andere Ansichten als wir visuell beobachtend erfassen können: Engbandige Filter, wie beispielsweise Hα- oder Kalzium-Filter, zeigen Protuberanzen und Filamente auf der Sonnenoberfläche,

Die Fotografie der Sonne lohnt sich und ist ein ausgesprochen spannendes Hobby. Verglichen mit anderen Bereichen der Astrofotografie gelingt der Einstieg in die Sonnenfotografie im Weißlicht mit überschaubarem (finanziellem und zeitlichem) Aufwand.

- Weißlicht: Dies ist der gesamte sichtbare Wellenlängenbereich zwischen ca. 390nm und 750nm (Kontinuum). Um die Sonne in diesem Wellenlängenbereich zu fotografieren ist nur eine quantitative Reduktion der Sonnenstrahlung notwendig, d. h. die Lichtmenge muss reduziert werden.

Sicherheitshinweise zur Sonnenbeobachtung

Nie mit dem Fernrohr ohne sicheren Schutz die Sonne beobachten! Verwenden Sie ausschließlich zertifizierte Objektiv-Sonnenfilter. Beachten Sie unbedingt die sechs Sicherheitsregeln zur Sonnenbeobachtung:

1. Filter vor jeder Benutzung prüfen.
2. Sucherfernrohr abdecken.
3. Sicherstellen, dass der Filter fest am Teleskop angebracht ist.
4. Teleskop am eigenen Schatten ausrichten, nicht in die Sonne peilen.
5. Vor dem Entfernen des Filters das Teleskop aus der Sonne drehen.
6. Das Teleskop nie unbeaufsichtigt lassen, insbesondere gegenüber Kindern.

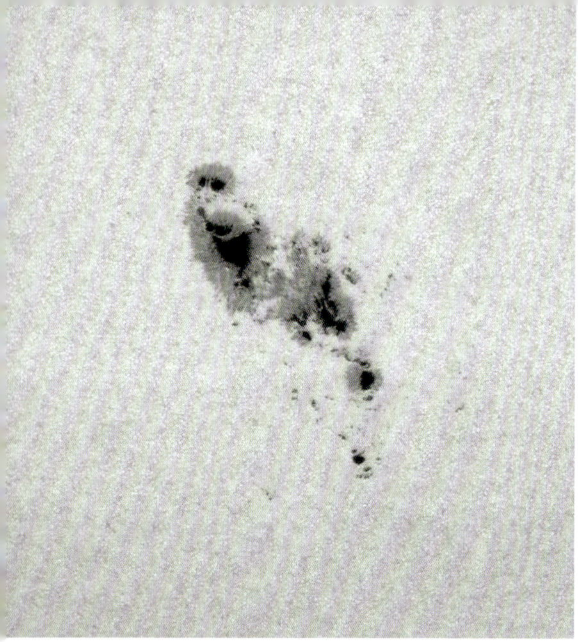

Sonnenflecken AR13351 und AR13354 am 29.6.2023 im Weißlicht; Baader Safety Herschel-Prisma mit Solar-Continuum-Filter (540nm) am Takahashi TOA-130 mit FFC (Brennweite 2250mm, Öffnung 130mm, Bandbreite von 10 Ångström 540nm); Kamera: PointGrey Grasshopper3-U3-28S5M; Bildverarbeitung: 500 von 2500 Einzelbildern in Avistack und Photoshop bearbeitet.

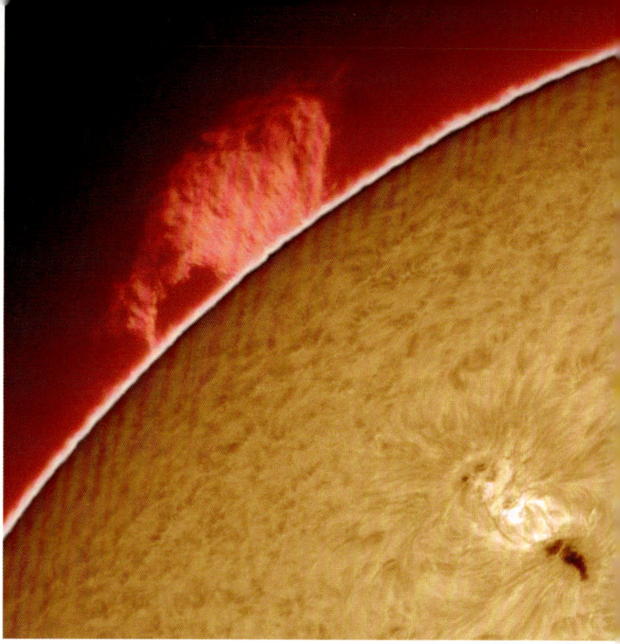

Protuberanz und Fleckengebiet AR12665 am 8.7.2017 im Hα-Licht. Die Aufnahmen entstanden mit einem Coronado SolarMax 90 am Takahashi TOA-130 mit FFC (Brennweite 2250mm, Öffnung 90mm, Bandbreite von 0,7 Ångström bei 656nm); Kamera: PointGrey Grasshopper3-U3-28S5M; Bildverarbeitung: 500 von 2500 Einzelbildern in Avistack und Photoshop bearbeitet.

- Hα-Licht: Dies ist die Wasserstoff-Emission der roten Spektrallinie bei 656,28 nm. Die Fotografie in diesem Wellenlängenbereich erfordert Spezialfilter, die diese Wellenlänge von der restlichen Sonnenstrahlung isolieren.
- Kalziumlicht: Dies ist die Kalzium-K-Linie im violetten Spektralbereich bei 393,4 nm. Die Fotografie der Sonne in dieser Wellenlänge erfordert Spezialfilter, die diese Wellenlänge von der restlichen Sonnenstrahlung isolieren.
- Daneben gibt es noch weitere infrage kommende Spektrallinien wie Natrium (589nm), Magnesium (517nm) und Helium (586nm), die ebenfalls engbandige Spezialfilter erfordern, aber bei weitem nicht so populär sind wie die Hα- und Kalzium-K-Linie.
- Eine Spezialdisziplin ist die Fotografie des Sonnenspektrums, die in diesem Werk jedoch nicht behandelt wird.

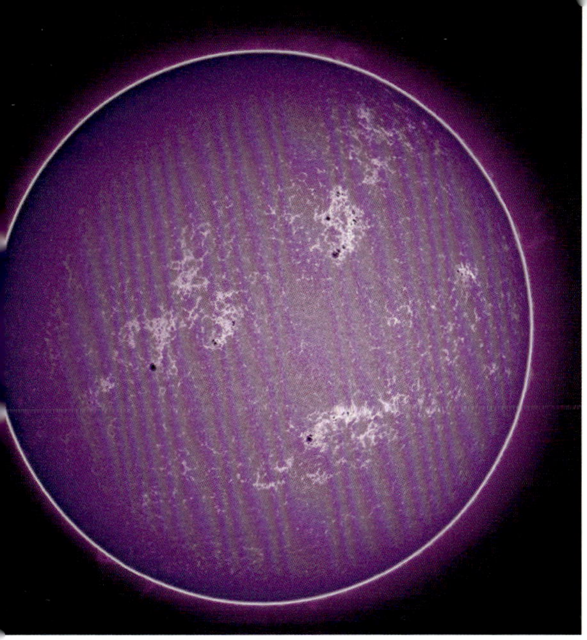

Ansicht der Sonnenscheibe im Kalzium-Licht am 3.10.2023. Die Aufnahme entstand mit eienem Lunt CaK-Modul (Bandbreite von 0,24nm bei 393nm) an einem Takahashi FC-76DS (Brennweite 570mm, Öffnung 76mm); Kamera: PointGrey Grasshopper3-U3-28S5M; Bildverarbeitung: 500 von 2500 Einzelbildern in Avistack und Photoshop bearbeitet.

Gemeinsam ist allen (!) Formen der Sonnenbeobachtung und -fotografie, dass die massive Energie der Sonne – vor (!) Eintritt in die Beobachtungsoptik – mit entsprechenden Filtern reduziert werden muss um Schäden am Equipment und vor allem am Auge zu vermeiden: Auch ein nur kurzer Blick mit einem Teleskop in die Sonne ohne geeigneten Schutzfilter kann zu massiver Schädigung des Auges, bis hin zum Verlust des Augenlichtes führen! Ebenso können Kameras und kameraseitiges Zubehör zerstört werden.

KAPITEL 1

Aufbau der Sonne

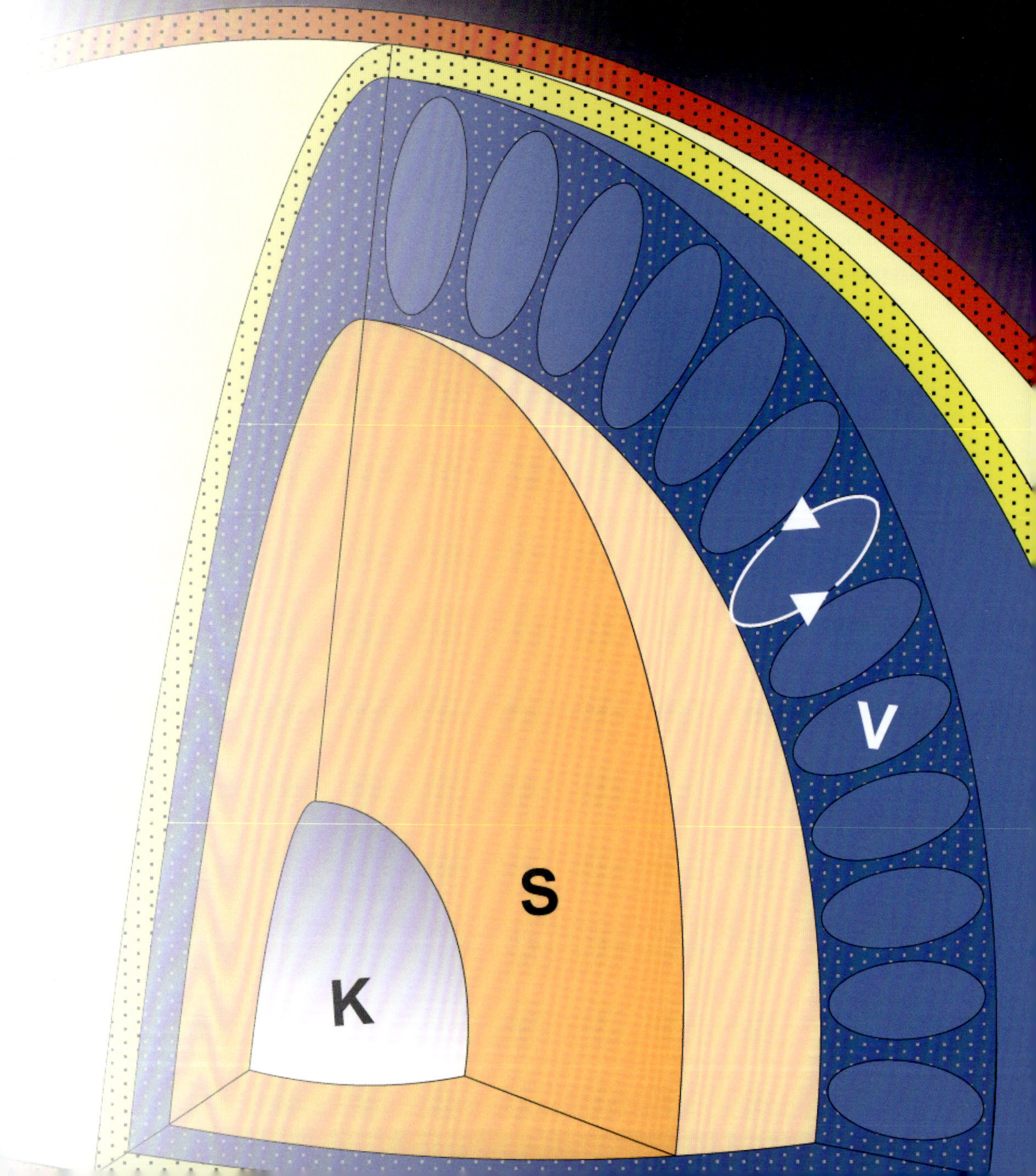

Die Sonne ist – astronomisch gesehen – ein eher durchschnittlicher Stern; ein riesiger, heißer, leuchtender Gasball, der hauptsächlich aus Wasserstoff und Helium besteht. Dabei können verschiedene Schichten der Sonne unterschieden werden.

Beginnen soll die Betrachtung der Sonne mit dem **Kern**, der sich etwa bis zu 25 % ihres Radius erstreckt und in dem Temperaturen von etwa 15 Millionen Grad Celsius herrschen. Hier findet die Hauptfusionsreaktion statt, bei der Wasserstoff zu Helium fusioniert. Über

Was sind Sterne und wie entstehen und vergehen sie?

Sterne sind – um es in aller Kürze zu sagen – riesige Gebilde aus Gas, die durch Gravitation zusammengehalten werden und durch Kernfusion enorme Mengen an Energie erzeugen. Die Entwicklung von Sternen und deren Energieerzeugung findet in verschiedenen Entwicklungsstufen statt:

Die Geburt eines Sterns beginnt in dichten Wolken aus interstellarem Gas und Staub (Molekülwolke). Unter dem Einfluss von Gravitationskräften beginnen diese Wolken zu kollabieren und sich zu verdichten. Durch den Kollaps erhöht sich die Temperatur und der Druck im Zentrum der Wolke, bis schließlich ein sogenannter »Protostern« entsteht. In diesem Stadium des Protosterns sind Temperatur und Druck noch nicht hoch genug, um durch Kernfusion Energie zu erzeugen, aber der Protostern setzt durch Gravitationskontraktion bereits thermische Energie frei.

Wenn der Protostern genug Masse angesammelt hat und die Temperatur und Dichte im Inneren ausreichend hoch sind, beginnt die Kernfusion, der Hauptprozess, der die Energieerzeugung in Sternen antreibt. In den meisten Sternen, einschließlich unserer Sonne, erfolgt die Kernfusion durch das Verschmelzen von Wasserstoffatomen zu Helium unter Freisetzung von enormer Energie in Form von Licht und Wärme.

Das Gleichgewicht zwischen der Gravitationskraft, die den Stern zusammenzieht, und dem Druck, der durch die Energieerzeugung durch Kernfusion entsteht, stabilisiert den Stern und ermöglicht ihm, für Millionen bis Milliarden von Jahren relativ stabil zu bleiben. Während dieser Zeit strahlt der Stern eine konstante Energiemenge in den Weltraum ab.

Die weitere Entwicklung eines Sterns hängt von seiner Masse ab: Sterne mit geringerer Masse, wie zum Beispiel Rote Zwerge, können über Billionen von Jahren stabil bleiben, während massereichere Sterne, wie zum Beispiel Blaue Riesen, eine kürzere Lebensdauer haben, da sie ihre Brennstoffvorräte schneller verbrauchen.

Am Ende ihres Lebenszyklus können Sterne auf verschiedene Arten enden, wiederum abhängig von ihrer Masse: Kleine Sterne können sich zu Weißen Zwergen entwickeln, während massereichere Sterne möglicherweise als Supernovae enden und entweder Neutronensterne oder Schwarze Löcher hinterlassen.

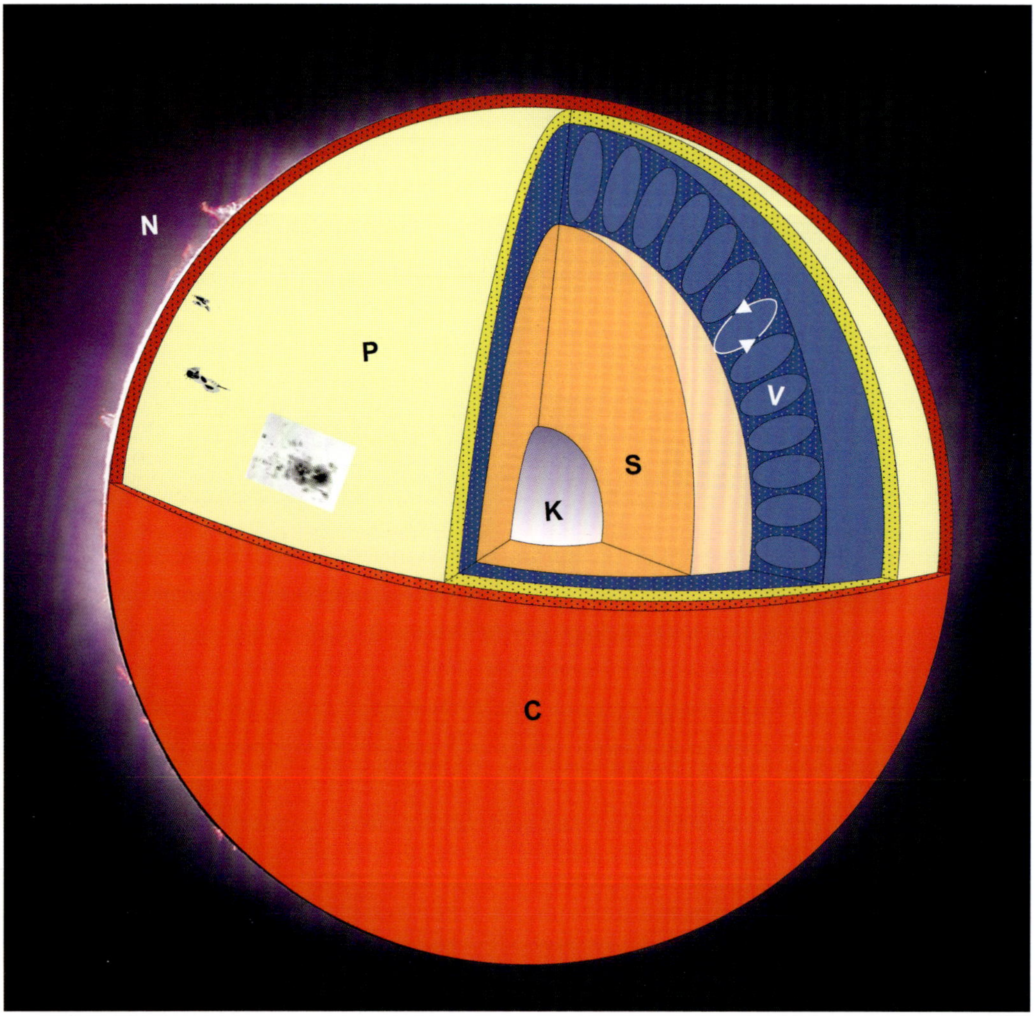

Schematische Darstellung des Aufbaus und der verschiedenen Schichten der Sonne: Kern (K), Strahlungszone (S), Konvektionszone (V), Photosphäre (P), Chromosphäre (C), Korona (N).

dem Kern erstreckt sich die **Strahlungszone**, die etwa 45 % des Sonnenradius ausmacht. In dieser Zone werden Photonen durch ständige Wechselwirkungen mit den geladenen Teilchen transportiert, wobei die Temperaturen von etwa 7 Millionen Grad Celsius im unteren Teil bis zu etwa 2 Millionen Grad Celsius an der Grenze zur Konvektionszone abnehmen. Die **Übergangszone**, auch Tachocline genannt, ist eine schmale Region zwischen der Strahlungszone und der Konvektionszone. Hier erfolgt eine Veränderung der Eigenschaften des rotierenden Sonnenmaterials, insbesondere in Bezug auf die Rotationsgeschwindigkeit. Die äußere **Konvektionszone** erstreckt sich über die oberen 30 % des Sonnenradius. Aufgrund der geringeren Dichte und Temperatur steigt die Materie hier auf und sinkt ab, was zu einer konvektiven Zirkulation führt. Die Temperatur nimmt von etwa 2 Millionen Grad Celsius an der Basis bis zu etwa 5500°C an der Photosphäre ab.

Die **Photosphäre** bildet die sichtbare Oberfläche der Sonne und strahlt hauptsächlich im sichtbaren Licht. Die Temperatur in der Photosphäre beträgt etwa 5500°C. Hier sind sichtbare Merkmale wie Sonnenflecken zu beobachten, die auf starke magnetische Aktivität hinweisen.

Über der Photosphäre liegt die **Chromosphäre**, eine dünnere Schicht, in der die Temperatur wieder ansteigt. Während einer totalen Sonnenfinsternis ist die Chromosphäre als rötlicher Ring sichtbar.

Die äußere Atmosphäre der Sonne, die **Korona**, erstreckt sich über die Chromosphäre. Die Korona ist sehr heiß, mit Temperaturen von mehreren Millionen Grad Celsius; sie ist während einer totalen Sonnenfinsternis sichtbar.

Die physikalischen Prozesse in der Sonne beinhalten hauptsächlich die Kernfusion von Wasserstoff zu Helium im Sonnenkern. Diese Fusion erzeugt enorme Energiemengen in Form von Photonen, die durch die verschiedenen Schichten der Sonne wandern, bevor sie als elektromagnetische Strahlung an der Oberfläche und im Weltraum abgestrahlt werden. Diese Prozesse laufen aber nicht kontinuierlich und gleichförmig ab, sondern in einem mehrjährigen Zyklus ab.

Zyklus der Sonnenaktivität

Die Sonnenaktivität unterliegt einem zyklischen Prozess, der als »Sonnenaktivitätszyklus« bekannt ist. Dieser Zyklus erstreckt sich über etwa elf Jahre und wird durch Veränderungen im Magnetfeld der Sonne angetrieben. Eine auffällige Erscheinung während dieses Zyklus sind die Sonnenflecken, dunkle und kältere Bereiche auf der Sonnenoberfläche. Diese Flecken entstehen durch starke Magnetfelder, die den Energiefluss von der Sonnenoberfläche behindern.

Der Sonnenaktivitätszyklus zeigt eine regelmäßige Variation der Anzahl von Sonnenflecken. Der Höhepunkt des Zyklus, bekannt als »Solares Maximum«, markiert die Phase

✓ Tipp des Autors

Jetzt ist ein guter Zeitpunkt, um in die Sonnenbeobachtung und -fotografie einzusteigen, da wir uns derzeit (2024) im Bereich eines Maximums befinden. Laut einer aktualisierten Vorhersage des Space Weather Prediction Centers (SWPC) wird das Aktivitätsmaximum des aktuellen 25. Sonnenzyklus stärker ausfallen und früher erreicht sein als bisher erwartet: Das Maximum wird für Januar bis Oktober 2024 eintreten, ehe mit dem langsamen Absinken der Sonnenaktivität gerechnet wird. Es gibt daher derzeit auf der Sonne viele Ereignisse und Phänomene zu beobachten!

Schmetterlingsdiagramm der Sonnenaktivität

Das Schmetterlingsdiagramm visualisiert die zeitliche Variation der Sonnenaktivität über den Verlauf eines 11-jährigen Sonnenaktivitätszyklus: Es werden die Sonnenflecken aufgetragen, wobei die horizontale Achse die Zeit und die vertikale Achse die Position auf der Sonnenoberfläche repräsentiert. Während eines Sonnenzyklus entwickeln sich die Sonnenflecken in der Nähe der Pole und wandern dann allmählich in Richtung der Äquatorregion. Nach Erreichen des Äquators verschwinden die Flecken nach und nach, und der Zyklus beginnt von Neuem mit Flecken in höheren Breiten. Das Schmetterlingsdiagramm verdeutlicht so die Wanderung der Sonnenflecken über die Sonnenoberfläche im Verlauf des Sonnenaktivitätszyklus. Es erinnert an die Flügel eines Schmetterlings (daher der Name).

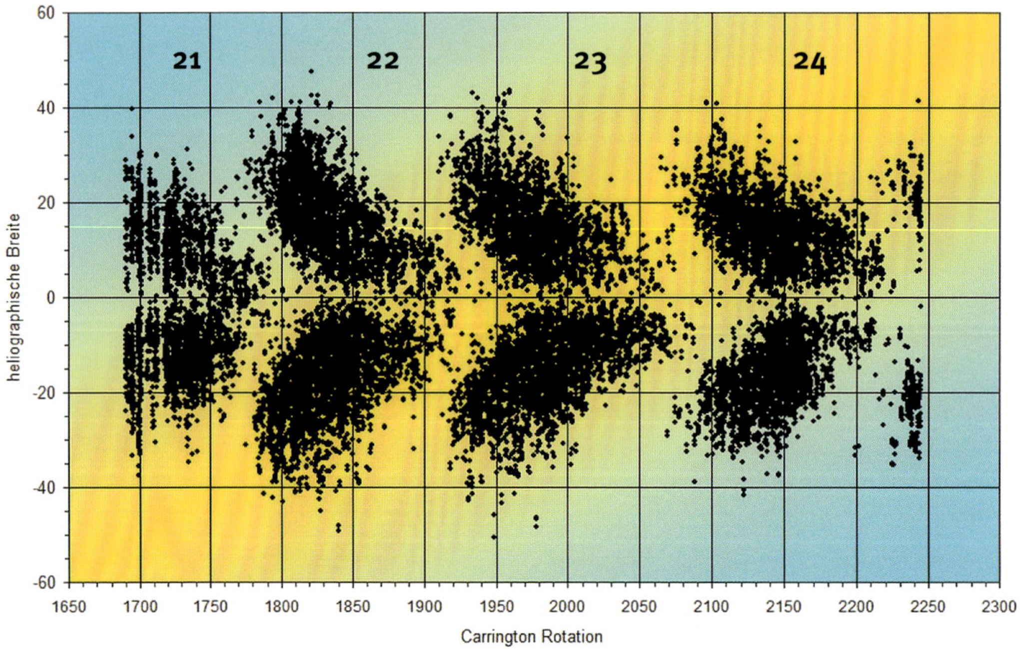

Schmetterlingsdiagramm aller Sonnenflecken zwischen 1979 und 2021. Die Zahlen bezeichnen die jeweiligen Sonnenaktivitätszyklen. (Quelle: Michael Möller)

mit der höchsten Aktivität, während die Ruhephasen dazwischen als »Solares Minimum« bezeichnet wird. In dieser Zeit nehmen die Sonnenflecken ab oder fehlen ganz, und die Sonnenaktivität ist geringer.

Eine erhöhte solare Aktivität ist auch mit Sonneneruptionen verbunden, ebenso dem Auftreten von Sonnenfackeln, koronale Massenauswürfen und Protuberanzen. Diese Ereignisse können teilweise erhebliche Mengen an Energie und geladenen Teilchen freisetzen. Ein besonders beeindruckendes Phänomen sind die koronalen Massenauswürfe, bei denen massive Mengen an Materie aus der Sonnenkorona in den interplanetaren Raum geschleudert werden. Diese Ereignisse können geomagnetische Störungen verursachen und zu Polarlicht-Stürmen führen, wenn sie die Erde erreichen.

Für Fotografen interessante Motive wie Sonnenflecken oder größere Protuberanzen sind also nicht immer vorhanden; ihre Häufigkeit und Komplexität ist stark vom Aktivitätszyklus der Sonne abhängig.

Nanometer und Ångström

Nanometer (nm) und Ångström (Å) sind beides physikalische Einheiten, die in der Optik und Spektroskopie verwendet werden, um die Wellenlängen von elektromagnetischen Wellen – und damit auch sichtbarem Licht – zu messen.

Der Hauptunterschied zwischen Nanometer und Angström liegt in ihrer Größe als Einheiten für Längenmessungen: Ein Nanometer ist zehn Mal größer als ein Angström, da ein Nanometer einem Milliardstel Meter entspricht, während ein Angström einem Zehnmilliardstel Meter entspricht.

Es gilt also: **1Å = 0,1nm, 1nm = 10Å.**

Die Hα-Linie liegt also bei 656,28nm oder 6562,8Å.

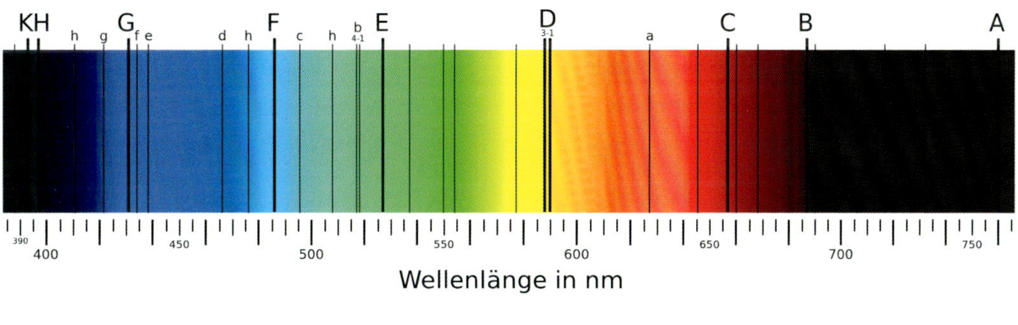

Spektrum des sichtbaren Lichts, markiert sind die von Fraunhofer entdeckten Emissionslinien: K und H (Kalzium), G (Hγ, Eisen, Kalzium), F (Hβ), E (Eisen), D (Natrium), C (Hα). A und B entstehen durch Absorption von Sauerstoff in der Erdatmosphäre. (Quelle: Wikipedia)

Spektrum der Sonne

Das Spektrum des Sonnenlichts (»Sonnenspektrum«) ist das Ergebnis der Lichtemission und Absorption in der Atmosphäre der Sonne. Es wird von verschiedenen Spektrallinien gegliedert, die charakteristische Signaturen von Elementen und Molekülen darstellen. Ihre Erforschung wurde maßgeblich von Joseph von Fraunhofer im 19. Jahrhundert vorangetrieben, der die Positionen einiger prominenter Linien im Sonnenspektrum identifizierte. Diese Entdeckung ist die Grundlage für die Beobachtung der Sonne in verschiedenen Spektrallinien – von denen sich vor allem fünf für die Sonnenfotografie anbieten.

Hα-Linie

Die Hα-Linie, die im roten Teil des Spektrums liegt, ist die hellste Emissionslinie des Wasserstoffatoms bei 656,28nm. Sie entsteht wenn ein Elektron von einem höheren Energieniveau in ein niedrigeres Energieniveau zurückfällt. In dieser Wellenlänge lassen sich Strukturen der Chromosphäre fotografieren, vor allem Protuberanzen am Sonnenrand und Filamente und Flares auf der Sonnenoberfläche.

Kalzium-Linien

Die Kalzium-Linien, insbesondere die H-(CaH) und K-(CaK)-Linien, sind Absorptionslinien im violetten Teil des Spektrums bei 396,9nm und 393,4nm und resultieren aus der Absorption von Licht durch ionisiertes Kalzium in der Sonnenatmosphäre.

Die Absorptionslinien der Sonne

Linie	Element	Wellenlänge
y	O_2	898,765nm
Z	O_2	822,696nm
A	O_2	759,370nm
B	O_2	686,719nm
C	Hα	656,281nm
a	O2	627,661nm
D1	Na	589,594nm
D2	Na	588,997nm
D3 / d	He	587,562nm
e	Hg	546,073nm
E2	Fe	527,039nm
b1	Mg	518,362nm
b2	Mg	517,270nm
b3	Fe	516,891nm
b4	Fe	516,751nm
b4	Mg	516,733nm
c	Fe	495,761nm
F	Hβ	486,134nm
d	Fe	466,814nm
e	Fe	438,355nm
G‘	Hγ	434,047nm
G	Fe	430,790nm
G	Ca	430,774nm
h	Hδ	410,175nm
H	Ca+	396,847nm
K	Ca+	393,368nm
L	Fe	382,044nm
N	Fe	358,121nm
P	Ti+	336,112nm
T	Fe	302,108nm
t	Ni	299,444nm

In diesen Wellenlängen lassen sich ebenfalls Strukturen der Chromosphäre fotografieren, die sich jedoch von denen der Hα-Linie deutlich unterscheiden.

Natrium-Linien

Die Natrium-D-Linien sind zwei Absorptionslinien (D1 und D2) im gelben Teil des Spektrums bei 589nm, die durch die Anwesenheit von Natrium in der Sonnenatmosphäre entstehen. In diesen Spektrallinien lassen sich hochgenaue Fotografien von Sonnenflecken anfertigen.

Helium-Linie

Die Helium-Linie (D3) ist ebenfalls eine Absorptionslinie im gelben Teil des Spektrums bei 587,6nm. Sie entsteht durch die Anwesenheit von Helium in der Sonnenatmosphäre. Bedingt durch ihre Nähe im Spektrum präsentiert sich die Sonne in dieser Linie ähnlich wie im Natrium-Licht der D1- und D2-Linien.

Was ist der Unterschied zwischen Emissionslinien und Absorptionslinien?

Emissionslinien und Absorptionslinien sind charakteristische Spektrallinien, die im Licht von Sternen oder anderen Himmelsobjekten beobachtet werden können. Diese Linien entstehen aufgrund von Wechselwirkungen zwischen Licht und Materie.

Emissionslinien entstehen, wenn Atome oder Moleküle Energie aufnehmen und in einen angeregten Zustand versetzt werden. Wenn diese angeregten Teilchen wieder in ihren Grundzustand zurückfallen, geben sie die überschüssige Energie in Form von Licht ab. Diese abgestrahlte Energie erzeugt dann charakteristische Linien im Spektrum, die als Emissionslinien bezeichnet werden. Diese Emissionslinien treten oft in Spektren von Gasen auf, die unter bestimmten Bedingungen angeregt werden, wie zum Beispiel in Gaswolken, in denen Sterne entstehen.

Absorptionslinien entstehen hingegen, wenn Lichtstrahlen durch eine Gas- oder Materieschicht hindurchtreten, die bestimmte Wellenlängen des Lichts absorbieren. Die absorbierten Wellenlängen erscheinen dann als dunkle Linien im Spektrum, da weniger Licht dieser spezifischen Wellenlängen den Beobachter erreicht.

In Bezug auf die Photosphäre der Sonne treten Absorptionslinien auf, weil die äußere Schicht der Photosphäre gasförmiges Material enthält, das das von der Sonne emittierte Licht durchläuft. Wenn das Licht von der Sonne durch diese äußeren Schichten hindurchgeht, werden daher bestimmte Wellenlängen absorbiert; diese werden als dunkle Absorptionslinien im Sonnenspektrum sichtbar. Diese bereits 1814 vom Münchner Optiker Joseph von Fraunhofer entdeckten Absorptionslinien liefern so Informationen über die chemische Zusammensetzung und die physikalischen Bedingungen in der Atmosphäre der Sonne

Magnesium-Linie

Die Magnesium-Linien, insbesondere die H-Mg-Linie, sind Absorptionslinien im grünen Teil des Spektrums bei 517,3nm und entstehen durch die Anwesenheit von ionisiertem Magnesium in der Sonnenatmosphäre. In diesen Wellenlängen lassen sich ebenfalls Strukturen der Chromosphäre fotografieren, die denen der Kalzium-Linien ähneln.

Die Positionen dieser charakteristischen Linien im Sonnenspektrum bieten Astronomen die Möglichkeit, die physikalischen Eigenschaften der Sonnenatmosphäre zu visualisieren. Durch die Analyse dieser Linien können Astrophysiker Rückschlüsse auf die Temperatur, Dichte, Magnetfelder und chemische Zusammensetzung der verschiedenen Schichten der Sonnenatmosphäre ziehen. Auch ohne eine entsprechende Forschungsperspektive zeigen die verschiedenen Linien im Rahmen der Sonnenfotografie unterschiedlichen Ansichten der Phänomene auf der Sonne und sind daher auch für Astrofotografen ein spannendes Betätigungsfeld.

Professionelle Sonnenfotografie auf den Kanaren

Neben der Sonnenbeobachtung und -fotografie durch Amateure – mit der wir uns in diesem Buch befassen – gibt es auch professionelle Sonnenfotografen. Für diese professionelle Sonnenfotografie sind die klimatischen Bedingungen in Deutschland zu unbeständig – die großen astronomischen Beobachtungs- und Forschungseinrichtungen zieht es daher schon seit vielen Jahrzehnten in trockenere Gebiete, die mit einer geringeren Luftfeuchtigkeit und Bewölkung verlässlichere und bessere Bedingungen bieten. Auf der kanarischen Insel Teneriffa wird beispielsweise unter deutscher Beteiligung das Izaña Observatorio del Teide betrieben; schon von

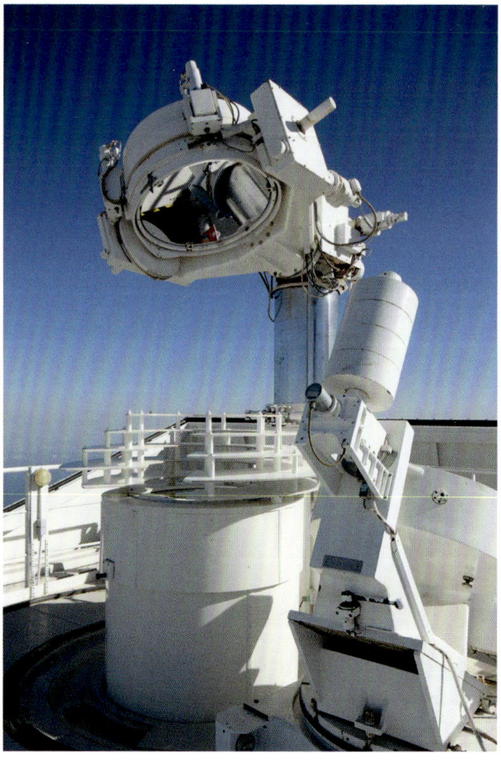

Impressionen am Vakuum-Turm-Teleskop (VTT) des Kiepenheuer-Instituts.

Weiten sind die zwei Hauptinstrumente des Sonnenobservatoriums zu erkennen: Das Vakuumturmteleskop (VTT) und das neue Sonnenteleskop Gregor.

Das seit 1986 unter der Federführung des deutschen Kiepenheuer-Instituts für Solarphysik betriebene VTT war mit einem Hauptspiegeldurchmesser von 700mm und einer Brennweite von 46m lange Zeit eines der leistungsstärksten Sonnenteleskope der Welt. Die Besonderheit des VTT besteht darin, dass das Sonnenlicht über zwei jeweils dem Sonnenlauf exakt nachgeführte Coelostaten (Planspiegel) in einen senkrecht stehenden Vakuumtank geleitet wird. Fast der gesamte Lichtweg im Teleskop verläuft innerhalb dieses evakuierten Tanks, so dass das Sonnenlicht zu keiner lokalen Erwärmung und damit zu keiner Luftunruhe im Innern des Teleskops führen kann.

Die Bildqualität wird durch den Lichtweg im Vakuum deutlich verbessert. Eine weitere

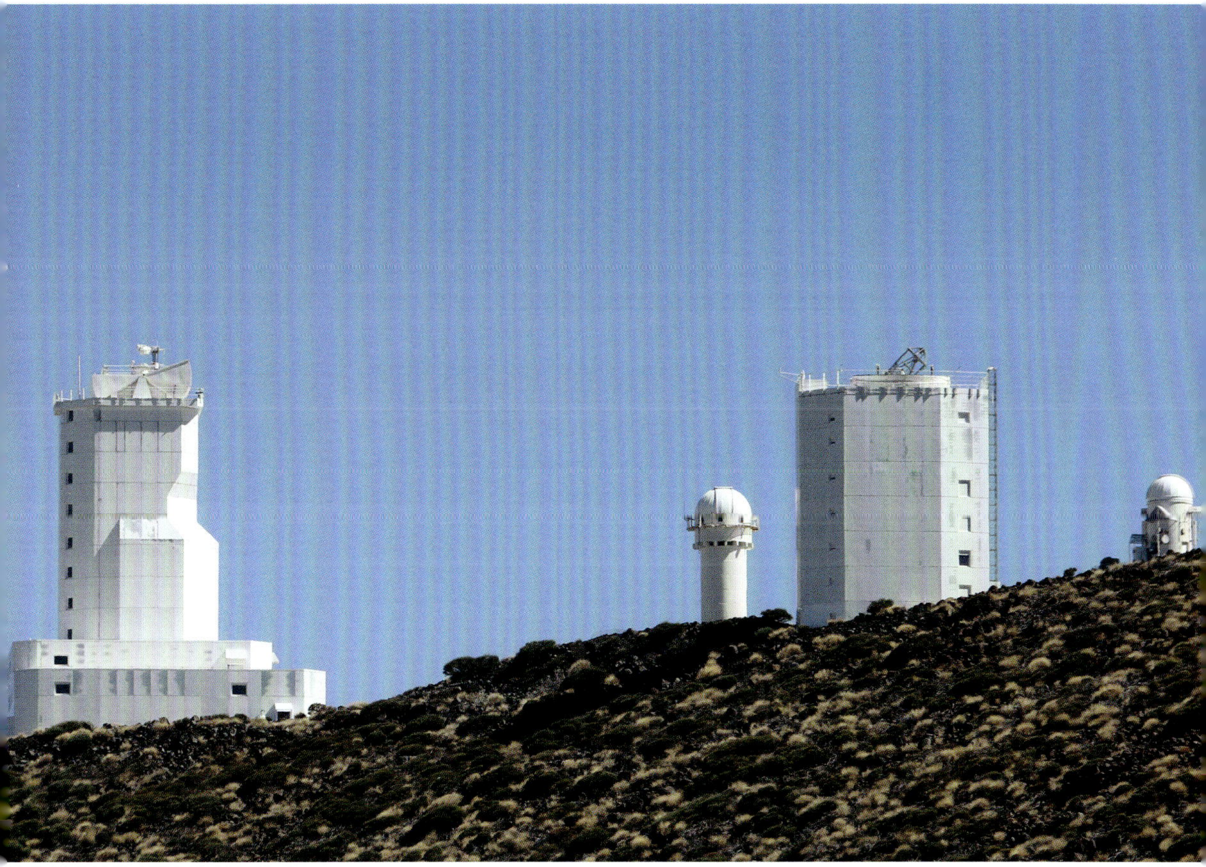

Das Izaña-Sonnenobservatorium: Deutlich zu erkennen sind die Türme des Vakuum-Turm-Teleskops (VTT) und des Gregor-Teleskops mit ihren optischen Instrumenten.

Optimierung der Bildqualität wird durch die Verwendung einer adaptiven Optik erreicht.
Seine Position als größtes und wichtigstes Sonnenteleskop auf Teneriffa musste das VTT im Mai 2012 an das Gregor-Teleskop abgeben: Mit einem Spiegeldurchmesser von 1,5m ermöglicht es eine Auflösung von bis zu 75km auf der Sonne. Im Gegensatz zum VTT ist Gregor ein offenes 3-Spiegel-Teleskop mit einem parabolischen Hauptspiegel (f/1,7), einem konkaven ellipsoiden Fangspiegel (430mm, f/1,29) hinter dem Brennpunkt (Gregory-Design) sowie einem zusätzlichen ellipsoiden Tertiärspiegel (360mm, f/3,97). Insgesamt verfügt das Teleskop über eine Brennweite von 55,6m.
Dieses ebenfalls mit einer adaptiven Optik ausgestattete Teleskop dient vor allem der Untersuchung von Magnetfeldern und Plasmabewegungen in der Photosphäre, bietet aber auch die Möglichkeit zur stellaren Spektroskopie.

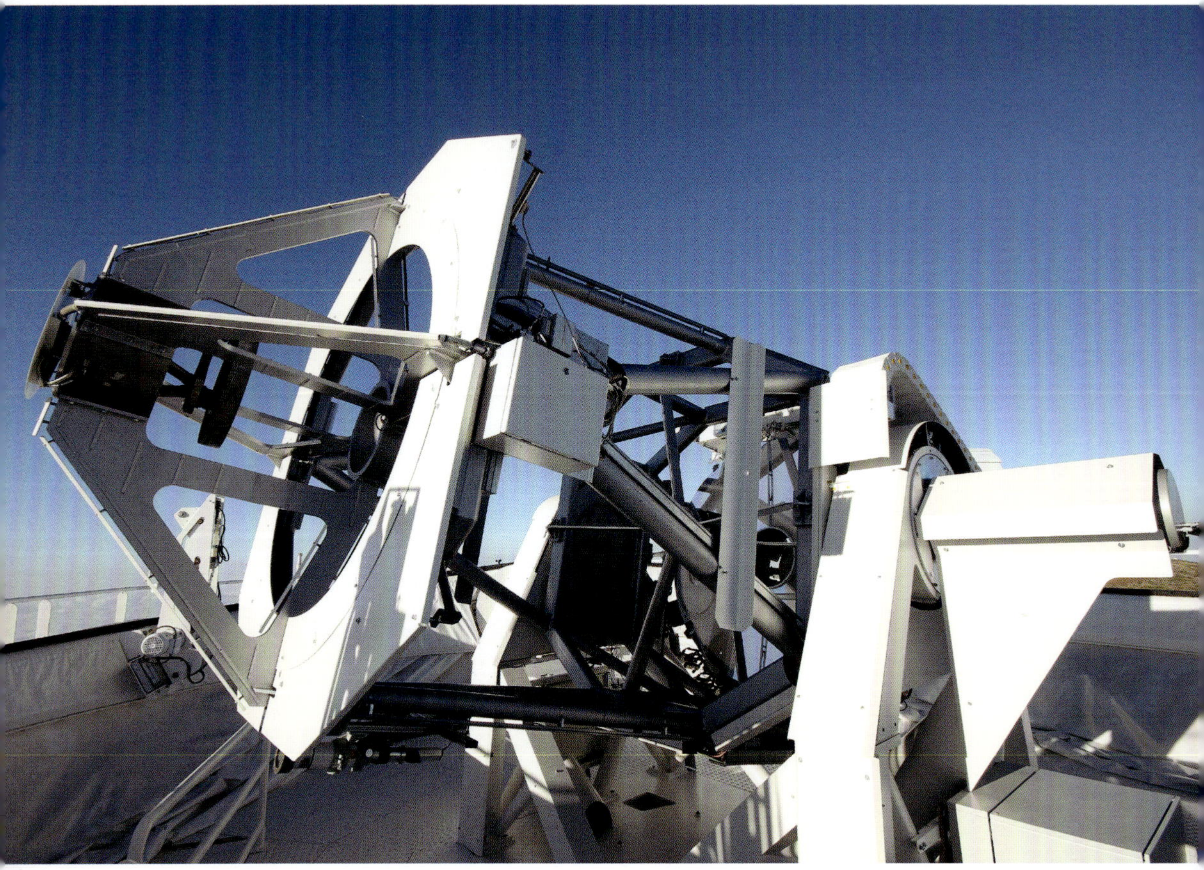

Seit 2012 in Betrieb: Detailaufnahme der optischen Instrumente des Gregor-Teleskops.

KAPITEL 2

Fotografie der Sonne im Weißlicht

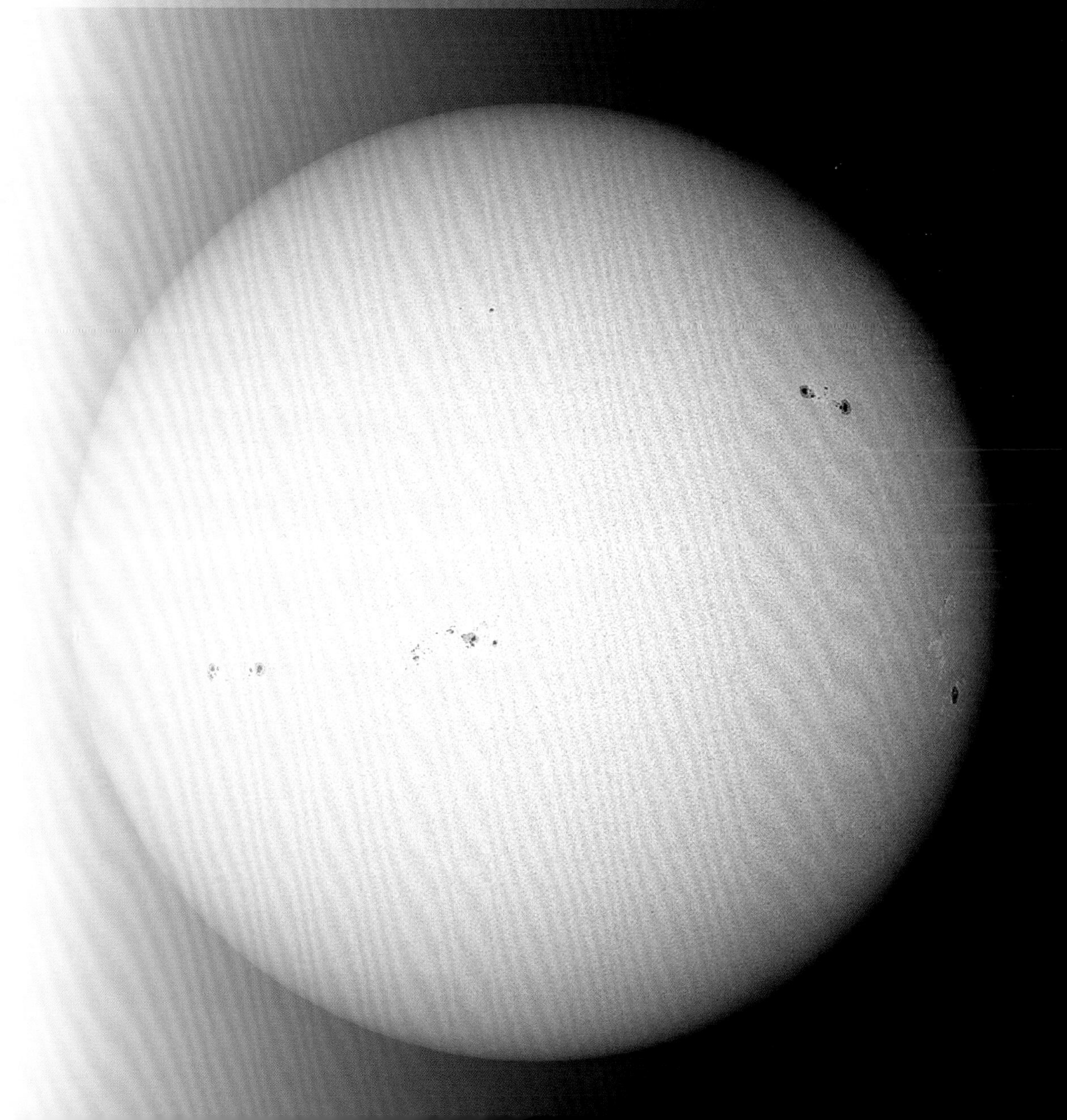

Bei der digitalen Sonnenfotografie hat es sich bewährt statt einzelner Fotos mit der Kamera mehrere hundert (oder tausend) Bilder der Sonne als Film aufzuzeichnen und aus diesem Film mit Hilfe der digitalen Bildverarbeitung die besten Bilder herauszusuchen (bzw. von der Software heraussuchen zu lassen) und nur diese dann zu einem fertigen Bild weiterzuverarbeiten.

Da die Sonne ausreichend Licht zur Verfügung stellt, beträgt die jeweilige Belichtungszeit der Einzelbilder nur wenige Sekundenbruchteile und auch ein mehrere tausend Bilder umfassender Film ist nach wenigen Minuten aufgezeichnet. Auf diese Weise kann die störende Luftunruhe, die einzelne Bilder unter Umständen sehr unscharf und verwaschen aussehen lässt, bei der anschließenden Bildverarbeitung herausgerechnet werden.

Folgende Ausrüstung ist für die Fotografie der Sonne im Weißlicht notwendig:

- Eine Aufnahmeoptik auf einer parallaktischen Montierung mit motorischer Nachführung, die die Aufnahmeoptik während der Aufnahme dem Lauf der Sonne möglichst exakt nachführt.
- Eine Kamera, die in der Lage ist die großen Bildmengen in kurzer Zeit aufzunehmen und an einen angeschlossenen PC weiterzuleiten. Hierzu eignen sich spiegellose Systemkameras ebenso wie Spiegelreflexkameras oder Industriekameras mit CCD- oder CMOS-Chip.
- Einen Filter, der nur einen sehr geringen Teil des Sonnenlichtes passieren lässt.

Was bedeutet Weißlicht?

Als Weißlicht bezeichnet man die Summe der Lichtemissionen der Sonne, die das menschliche Auge aufnimmt. Bei der Sonnenfotografie wird für »Weißlicht-Aufnahmen« manchmal nur das Licht der Wellenlänge von 540nm verwendet, d.h. das grüne Licht, da das menschliche Auge hierfür maximal empfindlich ist.

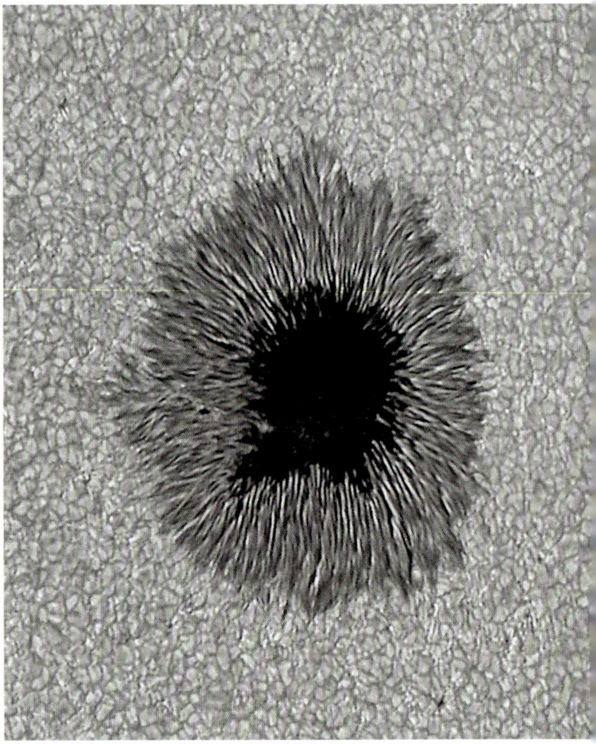

Sonnenfleck in Weißlicht; C14Edge mit FFC und RG610-Filter bei Brennweite 14.000mm, Öffnung 356mm; ungekühlte CCD-Kamera; 5000 Aufnahmen in Autostakkert und Photoshop bearbeitet. Bildautor: Bernd Flach-Wilken.

Schützen Sie Ihr Augenlicht!

Da schon ein kleineres Teleskop mit nur 60mm Öffnung das rund 70-fache Lichtsammelvermögen des menschlichen Auges hat, ist sofort einsichtig, dass eine Sonnenbeobachtung ohne Schutzfilter bereits bei kleinen Teleskopen zum sofortigen Erblinden führen kann.
Bei mittleren Teleskopen steigt das Lichtsammelvermögen schnell auf das 800-fache (bei einem klassischen Schmidt-Cassegrain-Teleskop mit 200mm Öffnung) und reicht bei größeren Öffnungen problemlos zum raschen Entzünden einer hölzernen Wäscheklammer und zum Verflüssigen von Blei im Brennpunkt der zentralen Teleskopoptik. Zur Vermeidung von irreparablen Augenschäden sowie zur Beobachtung der verschiedenen Phänomene der Photosphäre und der Chromosphäre ist daher eine geeignete Dämpfung der Licht-/Energie-Strahlung (auch der UV-Strahlung) der Sonne unumgänglich!

Aufnahmeoptik und Montierung

Bei der Fotografie der Sonne im Weißlicht werden keine allzu großen Anforderungen an die Aufnahmeoptik gestellt: Ein Teleobjektiv oder ein Linsenteleskop eignet sich ebenso gut wie ein vorhandenes Spiegelteleskop. Da die Sonne ausreichend hell ist, ist die Öffnung und Lichtstärke der verwendeten Optik in der Regel nicht von Belang. Die Qualität der Teleskopoptik wirkt sich natürlich auch auf die Qualität der Sonnenaufnahmen aus. Entscheidender bei der Auswahl der verwendeten Optik und der damit möglichen Vergrößerung ist sicherlich die Frage, ob Übersichtsaufnahmen der gesamten Sonne oder Detailaufnahmen von Sonnenphänomenen erstellt werden sollen.
Um sicherzustellen dass die Sonne während der Aufnahme nicht aus dem Bildfeld wandert, ist eine motorische Nachführung, beispielsweise an einer parallaktischen Montierung, sehr hilfreich. Eine manuelle Nachführung einer Aufnahmeoptik beispielsweise auf einem Fotostativ ist zwar möglich, aber in der Regel mit einer höheren Ausschussquote bei den Aufnahmen verbunden.

Kamera

Die Anforderungen der Sonnenfotografie an die verwendete Kamera sind überschaubar: Sie sollte über eine möglichst hohe Bildrate verfügen, um die mehreren hundert oder tausend Bilder in einer möglichst kurzen Zeit aufnehmen und an einen angeschlossenen Rechner zur Aufzeichnung weiterleiten zu können. Die schnelle Bildfolge ist nicht nur vorteilhaft für den Fall, dass Wolken aufziehen und Aufnahmen bei langsam arbeitenden Kameras dann abgebrochen werden müssten, sondern vor allem ist die hohe Aufnahmefrequenz wichtig, wenn Details der Sonne mit einer hohen Vergrößerung aufgezeichnet

Aufnahmebrennweite und Größe des Sonnenbilds

Brennweite	Durchmesser des Sonnenbildes auf dem Aufnahmechip
24mm	0,21mm
28mm	0,24mm
35mm	0,31mm
50mm	0,44mm
135mm	1,18mm
200mm	1,75mm
300mm	2,64mm
500mm	4,37mm
1000mm	8,74mm
2000mm	17,48mm

Hinode Solar Guider

Die meisten Montierungen kompensieren mit ihrer motorischen Nachführung nur die Erddrehung (da dies für die nächtliche Beobachtung und Astrofotografie ausreicht), ignorieren jedoch die Eigenbewegung der Sonne. Für die Fotografie der Sonne ist das in vielen Fällen kein Problem, da die Aufnahmesequenzen in wenigen Sekunden aufgezeichnet sind und Fehler einer nicht exakten Nachführung bei der Bildverarbeitung kompensiert werden. Wer dennoch eine exakte Nachführung unter Berücksichtigung auch der Eigenbewegung der Sonne wünscht, dem sei der „Hinode Solar Guider" empfohlen: Es handelt sich hierbei um einen Auto-Guider für die Sonnenbeobachtung, der während der Beobachtung Steuerimpulse an die Montierung sendet um diese exakt der scheinbaren Wanderung der Sonne folgen zu lassen.

werden sollen. In diesem Fall ist eine sehr gut eingenordete Montierung mit exakter Nachführung notwendig, um über die gesamte Dauer der Aufnahmesequenz einem Detail, beispielsweise einem Sonnenfleck, folgen zu können. Da es aber gerade tagsüber ohne sichtbaren Polarstern nicht ganz einfach ist, eine mobile Montierung exakt aufzustellen, sind schnelle Bildfolgen der Kamera hilfreich, um die notwendigen Aufnahmen schnell sammeln zu können, ohne dass die Fehler in der Montierungsaufstellung das Aufnahmeobjekt aus dem Bildfeld wandern lassen.

Bei der Auswahl der ungekühlten CCD- bzw. CMOS-Kamera ist darauf zu achten, dass der verbaute Aufnahmesensor in der Wellenlänge, in der die Sonne fotografiert werden soll, eine ausreichende Empfindlichkeit besitzt – dies ist bei Weißlichtaufnahmen kein Problem, im Bereich der für Aufnahmen im Hα- und Kalzium-Licht relevanten Wellenlängen von 656,3nm und 393nm gibt es jedoch deutliche Unterschiede in der Empfindlichkeit je nach Chip; auch wenn zunächst mit der Fotografie der Sonne im Weißlicht begonnen wird, kann es helfen doppelte Investitionen zu vermeiden wenn bei der Auswahl der Kamera direkt auch ein Blick auf die Empfindlichkeit des Aufnahmechips in den Wellenlängen von Hα und Kalzium geachtet wird.

Außerdem sollte man bei der Auswahl der Kamera auf die Chipgröße achten: Kameras

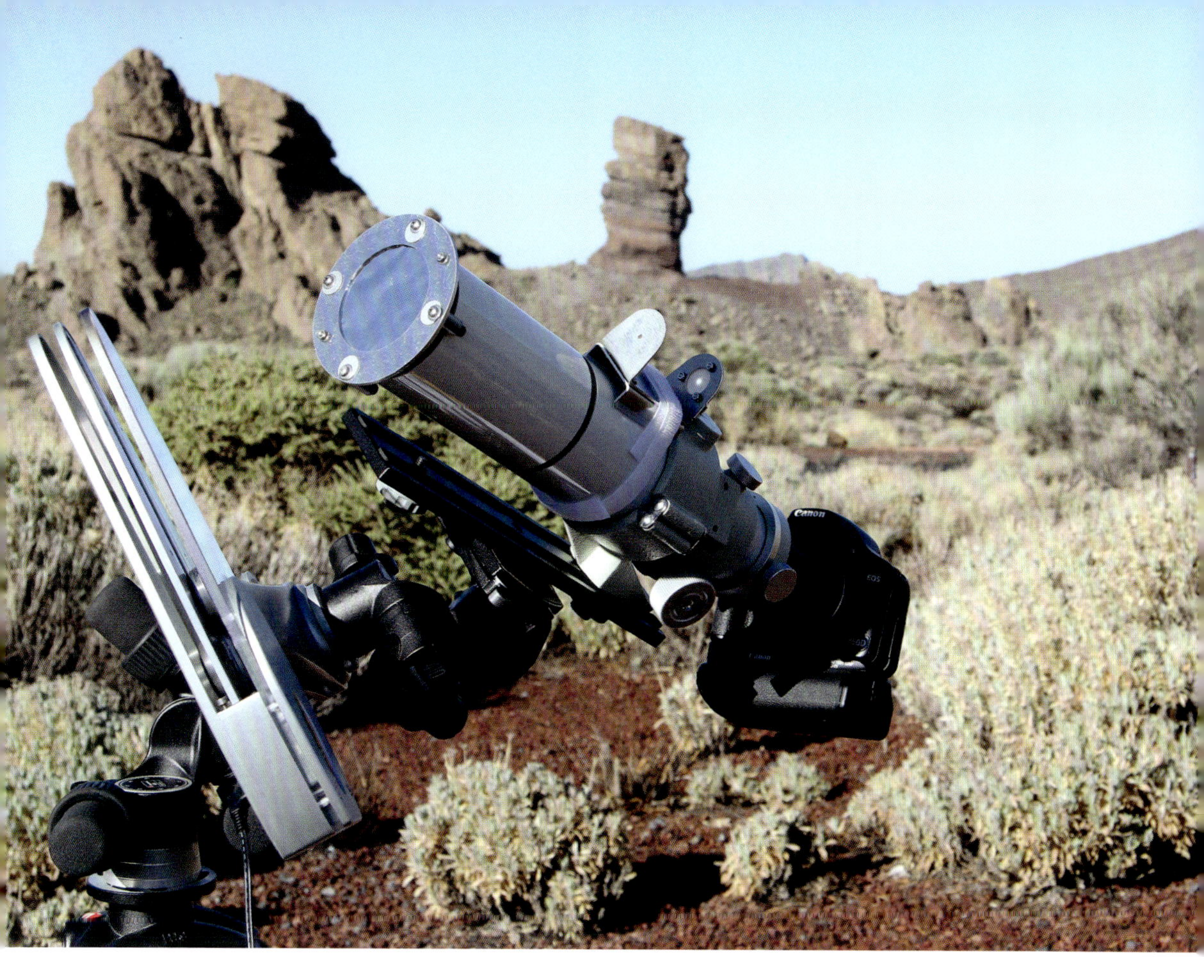

Mobiles Equipment für die Fotografie der Sonne im Weißlicht: Ein kleiner Refraktor mit 60mm Öffnung mit einem Foliensonnenfilter auf einer Reisemontierung vom Typ AstroTrack auf einem Fotostativ. Hier findet eine DSLR-Kamera Verwendung in der Hoffnung, dass die Luftunruhe bei der kurzen Brennweite des Refraktors nicht stört.

Gekühlte Kameras für die Sonnenfotografie?

In der nächtlichen Deep-Sky-Fotografie kommen oft Kameras mit gekühltem Aufnahmechip zum Einsatz – eignen sich diese auch für die Sonnenfotografie? Für die Fotografie der Sonne ist der Einsatz gekühlter Aufnahmechips nicht notwendig und nicht sinnvoll, da die Belichtungszeiten kurz sind und genug Licht der Sonne zur Verfügung steht, so dass das Rauschen des Chips keinen störenden Einfluss hat. Meist spricht gegen den Einsatz gekühlter Kameras in der Sonnenfotografie zudem, dass diese für die nächtliche Fotografie mit ihren langen Belichtungszeiten ausgelegt sind und daher oft die für die Sonnenfotografie kurzen Belichtungszeiten (und hohen Bildfolgen) gar nicht bieten können.

mit kleinen Bildsensoren und wenigen Pixeln sind zwar meist preiswerter als Kameras mit größeren Sensoren, sie werden aber unter Umständen die kleinen Strukturen der Sonnenphänomene nur begrenzt auflösen können. Wenn mehrere Sonnenflecken auf einem Bild abgebildet werden sollen oder wenn gar detaillierte Übersichtsaufnahmen der Sonne gewonnen werden sollen (beispielsweise um die tägliche Veränderung des Antlitzes der Sonne zu dokumentieren), dann sind – je nach verwendeter Brennweite – durchaus Chipgrößen von 0,5 Zoll oder größer hilfreich. Das Angebot an Detektoren mit größeren Chipflächen und mit USB3-, GigE- oder USB-C-Schnittstellen wächst beständig. Die schnellen Schnittstellen zum PC sind wichtig, um die hohen Datenraten, die große und schnelle Chips produzieren, schnell und ohne Verzögerungen an den Rechner weiterleiten können. Es ist daher damit zu rechnen, dass USB3-, GigE- oder USB-C-Kameras in den folgenden Jahren auch verstärkt in der Sonnenfotografie Einzug halten werden.

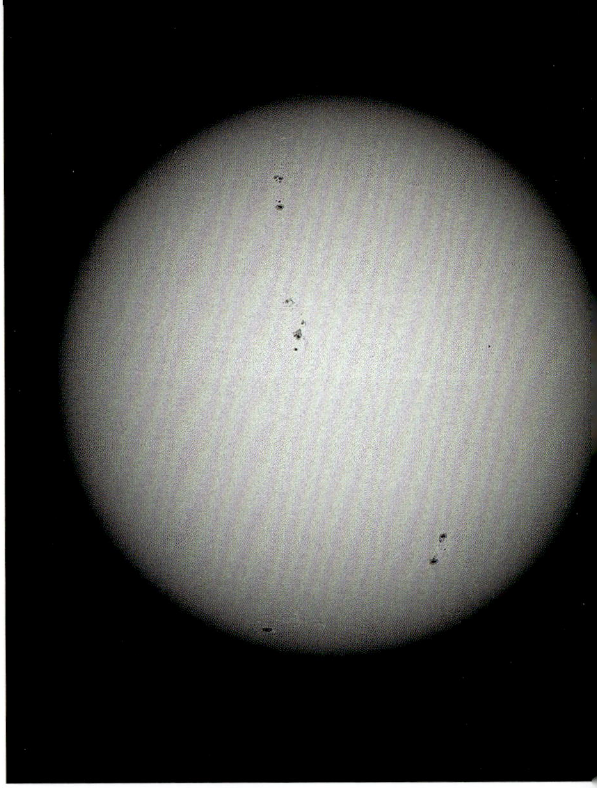

Sonnenscheibe im Weißlicht; Folie ND 3,8 mit Baader Solar-Continuum-Filter am Refraktor mit Brennweite 600mm, Öffnung: 60mm; ungekühlte CCD-Kamera; 500 von 2500 Einzelbildern in AviStack2 und Photoshop bearbeitet.

Filter

Folienfilter

Für die Fotografie der Sonne im Weißlicht bedarf es keiner schmalbandigen Filter, die eine spezielle Wellenlänge herausfiltern, sondern nur einer ausreichenden Dämpfung des Lichtes. Eine der populärsten, preiswertesten und einfachsten Arten der Lichtdämpfung zur Sonnenfotografie im Weißlicht ist der Einsatz einer entsprechenden Sonnenfilterfolie. Derartige Folien reduzieren das in die Optik eintretende Licht auf einen Bruchteil der Strahlung und ermöglichen damit die gefahrlose Sonnenbeobachtung. Diese Sonnenfilterfolien finden nicht nur in Sonnenfinsternisbrillen Verwendung, aus diesen Folien lassen sich auch einfach Objektivfilter für Fotoobjektive und Teleskope herstellen. Foliensonnenfilter für unterschiedliche Teleskope gibt es auch fertig zu kaufen.

Als Standard für die Erstellung von Foliensonnenfiltern hat sich die »AstroSolar Sonnenfilterfolie« von Baader Planetarium etabliert, die in verschiedenen Größen verfügbar ist. Unterschieden werden kann dabei eine

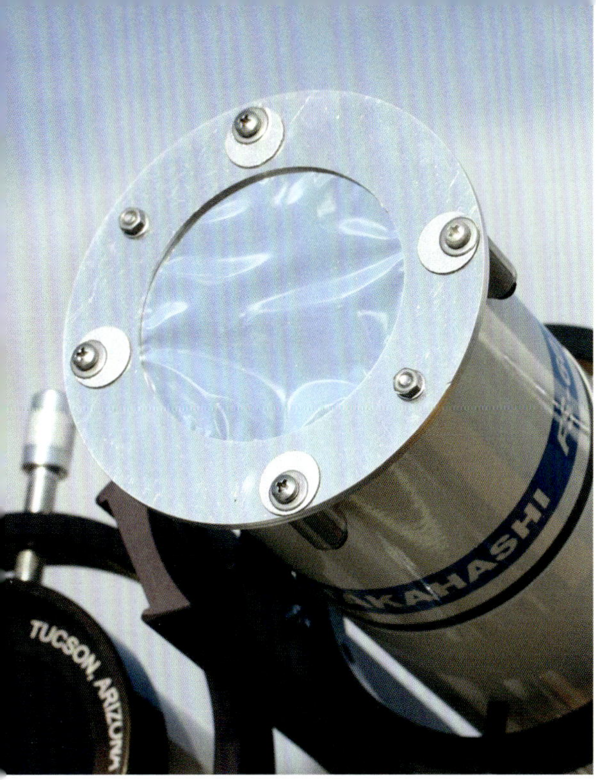

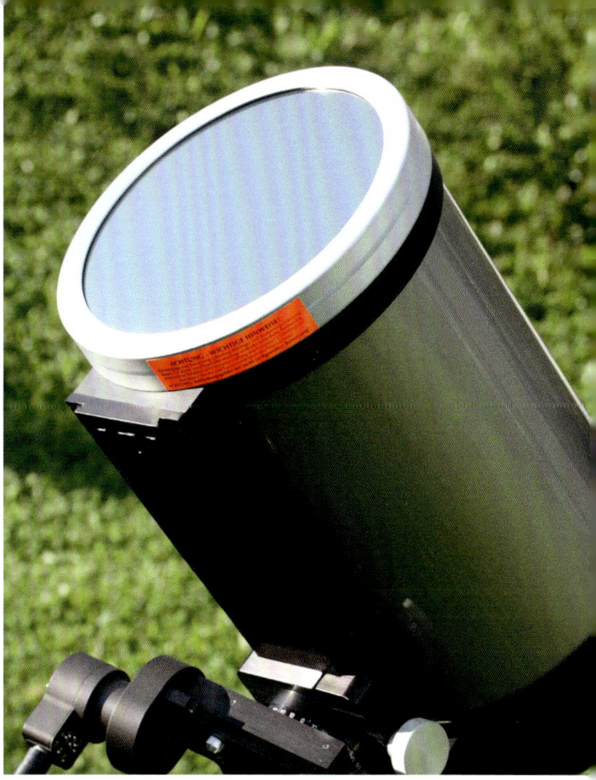

Die Filterung der Sonnenenergie ist für die Sonnenfotografie unumgänglich. Dies kann mit einem Folienfilter geschehen (links) oder mit einem Glassonnenfilter (rechts).

Finger weg von Okularsonnenfiltern!

Immer wieder tauchen auch Produkte auf, die als Sonnenfilter beschrieben werden und ohne weitere Vorrichtung wie ein Herschelprisma ins Okular geschraubt werden sollen; derartige Filter sind völlig ungeeignet und gefährlich: Die Filterung des Sonnenlichtes sollte unbedingt vor (!) dem Eintritt des Lichtes in das Teleskop erfolgen (einzige Ausnahme: Herschelprisma), eine Filterung erst kurz vor dem Okular führt dazu, dass die gesamte Sonnenenergie in diesem Punkt gebündelt wird und daher dort in den Strahlengang eingebrachte Filter einer enormen Energie ausgesetzt werden. Dies kann zum Platzen des Filters führen, was bei der visuellen Beobachtung den Verlust des Augenlichtes nach sich ziehen kann. Der Sonnenfotograf müsste nur eine defekte Kamera abschreiben – und nicht gleich sein Augenlicht.
Aber auch wenn die sogenannten Okularsonnenfilter der Hitze standhalten, führt die Erwärmung der Filter zu Turbulenzen innerhalb des Teleskoptubus, die die Bildqualität ganz erheblich beeinträchtigen können. Daher gilt: **Okularsonnenfilter sind für die Sonnenbeobachtung und Sonnenfotografie gänzlich ungeeignet!**

Filterfolie mit einer neutralen Dichte ND 5 von einer Filterfolie mit ND 3,8, die für die Fotografie optimiert ist. Beide Folien reduzieren das Sonnenlicht gleichmäßig über weite Teile des Spektrums (daher die Bezeichnung »neutral«, da keine spezifische Wellenlänge herausgefiltert wird), dies jedoch in unterschiedlichem Umfang: Die Folie für die visuelle Beobachtung lässt nur 1/100.000 des Sonnenlichtes durch, um eine blendfreie Beobachtung zu ermöglichen, während die die fotografische Folie (ND 3,8) immerhin 1/6300 des Sonnenlichtes passieren lässt. Dies ist für die visuelle Beobachtung deutlich zu viel – ermöglicht bei der Fotografie aber sehr kurze Belichtungszeiten zum Einfrieren der Luftbewegung.

Visuelle oder fotografische Sonnenfilter?

Während sowohl für einfache Sonnenbeobachtungsbrillen als auch für Teleskop-Objektivfilter für die visuelle Nutzung Filter mit der Dichte ND 5 verwendet werden, ist für den fotografischen Einsatz ein Filter der Dichte ND 3,8 zu empfehlen: Derartige fotografische Sonnenfilter lassen deutlich mehr Licht passieren und ermöglichen damit kürzere Belichtungszeiten – diese helfen wiederum, die Unruhe der Luft »einzufrieren« und führen so zu schärferen Abbildungen der Sonne.

Glasfilter

Alternativ zu den Foliensonnenfiltern sind auch aufsteckbare Glassonnenfilter für verschiedene Teleskopgrößen und -typen erhältlich, wobei sich zwei verschiedene Ausführungen unterscheiden lassen: Die vollflächigen Glasfilter, die ab einer Größe von 200mm recht schnell sehr teuer werden (da der Herstellungsprozess für große plangeschliffene und flecken- oder wellenfrei bedampfte Filtergläser recht aufwändig ist) und – alternativ dazu – Filter mit exzentrischer Öffnung, die vor allem für den Einsatz an Schmidt-Cassegrain- und Newton-Teleskopen entwickelt wurden, um die bei Spiegelteleskopen durch den Sekundärspiegel und dessen Aufhängung möglicherweise entstehende leichte Verzerrung zu vermeiden.

Bei der Auswahl der verwendeten Filter ist darauf zu achten, dass diese nicht nur das sichtbare Licht dämpfen, sondern zusätzlich auch die UV/IR-Anteile herausfiltern, um Schäden bei der Beobachtung zu vermeiden. Während in der Astrofotografie nur die beiden genannten ND 5- bzw. ND 3,8-Filter relevant sind, haben auch einige Hersteller von Filtern für die Fotografie entsprechende Graustufenfilter bzw. Dämpfungsfilter im Angebot – und dies teilweise mit einer umfangreicheren Auswahl an Dämpfungsstufen. Dabei ist darauf zu achten, dass der Begriff »ND« in der Fotografie meist für die lineare Abschwächung des Lichts, in der Astronomie jedoch meist für die logarithmische Abschwächung steht. Ein ND 5-Filter in der Astronomie ist also identisch mit einem ND 100.000-Filter in der Fotografie.

Neutrale Dichte

Optische Dichte	Filterfaktor	Verlängerung der Belichtungszeit	Transmissionsgrad
ND 0,3	ND 2	1 Blendenstufe	50%
ND 0,6	ND 4	2 Blendenstufen	25%
ND 0,9	ND 8	3 Blendenstufen	12,5%
ND 1,2	ND 16	4 Blendenstufen	6,25%
ND 1,5	ND 32	5 Blendenstufen	3,13%
ND 1,8	ND 64	6 Blendenstufen	1,56%
ND 2,0	ND 100	6,6 Blendenstufen	1%
ND 2,3	ND 200	7,6 Blendenstufen	0,5%
ND 2,6	ND 400	8,6 Blendenstufen	0,25%
ND 2,7	ND 500	9 Blendenstufen	0,2%
ND 3,0	ND 1000	10 Blendenstufen	0,1%
ND 4,0	ND 10.000	13,3 Blendenstufen	0,01%
ND 5,0	ND 100.000	16,6 Blendenstufen	0,001%

Herschelprisma

Flexibler verwendbar als Folien- oder Glassonnenfilter sind qualitativ hochwertige Herschelprismen. In Kombination mit verschiedenen Grau- oder Polfiltern lässt sich bei diesen sehr viel feiner die zur Fotografie benötigte Lichtmenge dosieren und so beispielsweise der Empfindlichkeit der verwendeten Kamera exakt anpassen. Sie sind allerdings nur für Refraktoren geeignet.

Während ein Glas- oder Folienfilter vor dem Objektiv den größten Teil der Strahlung bereits vor dem Eintritt ins Teleskop ausfiltert (Glas- und Folienfilter lassen üblicherweise nur 0,03% bis 0,001% der Strahlung pas-

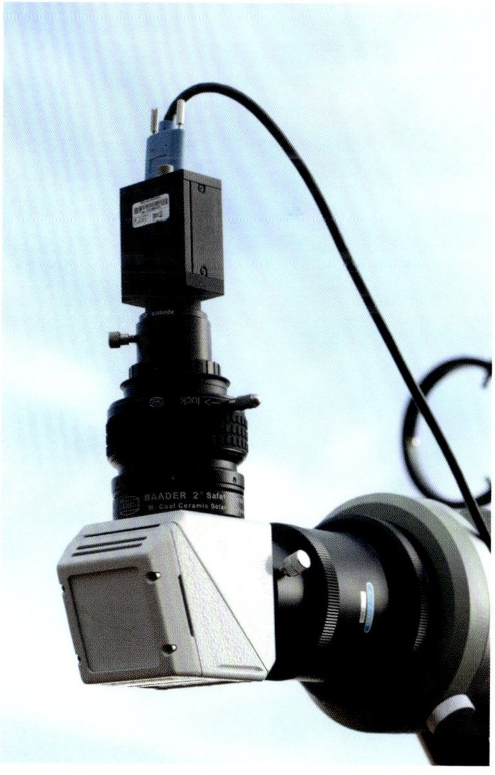

Herschelprisma mit Kamera an einem 130mm-Refraktor.

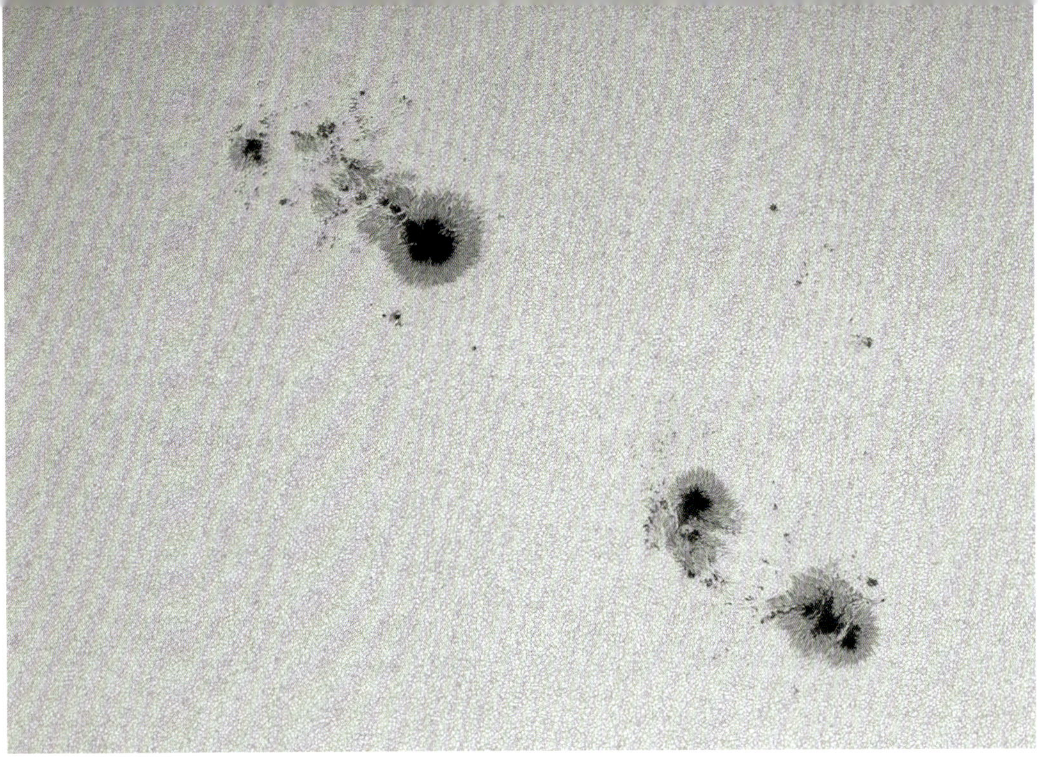

Sonnenflecken im Weißlicht; Herschel-Prisma mit Solar-Continuum-Filter (540nm) am Refraktor bei Brennweite 2000mm, Öffnung 130mm; ungekühlte CCD-Kamera; 500 von 2500 Einzelaufnahmen in AviStack2 und Photoshop bearbeitet.

sieren), basieren Herschelprismen auf einer anderen Funktionsweise. Sie werden vor der Kamera in den Strahlengang eines Refraktors eingebracht und leiten den größten Teil der Sonnenenergie erst nach dem Durchlaufen des Teleskops ab, während nur ein sehr kleiner Teil zur Kamera reflektiert wird, meist um 90° wie bei einem Zenitprisma. Im Strahlengang eines Herschelprismas wird das Licht hierzu an einer Fläche gebrochen und reflektiert, so dass meist eine größere Lichtmenge, knapp 5%, in Richtung Okular gelenkt wird; eine weitere Filterung vor dem Okular ist daher dringend notwendig. Üblicherweise wird da-

✓ Tipp des Autors

Für alle Anwendungen der Sonnenbeobachtung, egal ob Weißlicht oder Schmalband, sollte immer ein UV/IR-Sperrfilter auf KG3 im Strahlengang als Hitzeschutzfilter eingefügt werden. Damit wird effektiv alle Hitze geblockt und nicht-sichtbare Strahlung tritt nicht ein. Das ist nicht nur für die Augen und Kameras gut, sondern auch für die Lebensdauer von Filterelementen. Solche Filter gibt es z.B. von Optolong und Lacerta. Normale UV/IR-Sperrfilter erfüllen diese Funktion nicht.

✓ Tipp des Autors

Herschelprismen werden von verschiedenen Herstellern angeboten – mit teilweise deutlichen Ausstattungsunterschieden. Über mehrere Jahre konnte der Autor gute Erfahrungen mit dem 2" »Baader Cool-Ceramic Safety Herschel Prisma« sammeln. Das Prisma wiegt bei einer Größe von 140mm × 120mm × 60mm rund 550 Gramm. Es wird in der weiterentwickelten Fotoversion zusammen mit vier 2"-Neutraldichtefiltern (ND 0,6, ND 0,9, ND 1,8 und ND 3,0) sowie einem 2"-Solar-Continuum-Filter geliefert. Teleskopseitig verfügt der 2"-Anschluss über eine Sicherungsnut, während okularseitig eine Baader ClickLock-Okularklemme zum Einsatz kommt. In der Fotoversion des Prismas sind werksseitig der Neutraldichtefilter (ND 3,0) und der Solar-Continuum-Filter bereits oberhalb des Prismas, d. h. vor der Okularklemme, integriert. Das Prisma beinhaltet einen Keil nach Herschel, der nur knapp 5% des Lichtes an das Okular weiterleitet. Die 95% der Strahlungsenergie, die nicht zur Beobachtung verwendet werden, werden auf eine weiße Keramikplatte gelenkt. Diese wärmeabsorbierende Spezialkeramik sammelt die energiereiche Strahlung hinter einer kleinen Lichtfalle.
Beim Einsatz von Herschelprismen ist grundsätzlich darauf zu achten, dass ein entsprechender Lichtweg bzw. Backfocus nötig ist und es bei einigen Teleskopen nicht möglich ist mit diesen in den Fokus zu kommen.

Cool Ceramic Safety Herschelprisma von Baader Planetarium: Neben dem Solar-Continuum-Filter enthält das Set für fotografische Nutzung auch noch vier verschiedene Neutraldichtefilter um die passierende Lichtmenge abstimmen zu können.

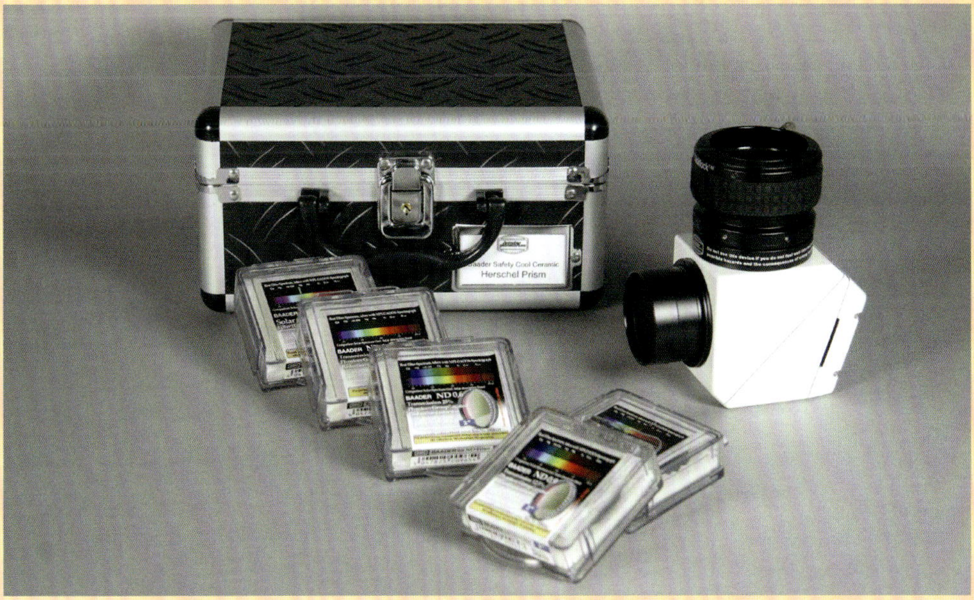

Bessere Bilder durch Solar-Continuum-Filter?

Bei der Fotografie im Weißlicht fällt recht schnell auf, wie schwierig eine exakte Fokussierung der Objekte auf der Sonnenoberfläche ist. Dieses Problem entsteht dadurch, dass Sonnenfilter in der Regel das eintreffende Licht über das gesamte sichtbare Spektrum dämpfen, jedoch dabei eben auch Licht des gesamten Spektrums passieren lassen, um einen neutralen Farbton beizubehalten. Dieses Licht unterschiedlicher Farben, d.h. unterschiedlicher Wellenlängen, wird auf seinem Weg durch die Atmosphäre jedoch unterschiedlich stark abgelenkt, so dass die bekannte Unruhe des Sonnenbildes entsteht, die bei hohen Vergrößerungen störend sichtbar wird.
Abhilfe kann ein extra für die Sonnenfotografie entwickelter Filter schaffen, der nur einen sehr engbandigen und präzise abgegrenzten Spektralbereich des Sonnenlichtes passieren lässt. Der Einfluss des Seeings, d.h. der Luftunruhe zwischen Beobachter und Sonne, wird durch ein derartiges »Solar-Continuum-Filter«, ein Schmalbandfilter mit einer Transmission bei 540nm, erheblich vermindert, und der Kontrast der Sonnenoberfläche steigt deutlich an. Gerade Strukturen wie die Fackelgebiete am Sonnenrand, die Granulation und auch feine Strukturen im Randbereich von Sonnenflecken treten deutlicher in Erscheinung und lassen sich einfacher fokussieren und fotografieren. Das Sonnenbild erscheint allerdings in einem ungewohnten tiefgrünen Farbton.

für ein okularseitiger Polfilter in Verbindung mit einem Graufilter (ND3) verwendet, der das teilpolarisierte Licht des Herschelprismas weiter stufenlos reduzieren kann. Es gibt auch Filter, die beide Wirkungen kombinieren.
Bei Verwendung eines Herschelprismas müssen so aber mehr als 95% der durch das Teleskop gebündelten Strahlungsenergie ohne Gefährdung des Beobachters »entsorgt« und abgeleitet werden. Hierfür wurden früher Hilfsspiegel und sogenannte »Lichtfallen« eingesetzt, die das Licht unter bzw. neben das Teleskop reflektierten und streuten – derartige Lichtaustritte mussten aus Sicherheitsgründen stets so ausgerichtet werden, dass ein versehentliches Hineinblicken nicht möglich ist.
Bei der Konstruktion moderner Herschelprismen wird diese Energie in der Regel auf eine im Prisma positionierte Keramik- oder Metallplatte geleitet, die die Energie aufnimmt und sich dabei erwärmt.
Der Einsatz eines Prismas empfiehlt sich vor allem dann, wenn mit langen Brennweiten (z. B. durch Okularprojektion) gearbeitet werden soll: Herschelprismen weisen in der Regel eine höhere Transmission auf als Folien- und Glassonnenfilter und somit steht auch mehr Licht zur Fotografie zur Verfügung. Dies ermöglicht auch bei längeren Brennweiten und bei Okularprojektion noch kurze Belichtungszeiten. Ein weiterer Vorteil von Herschelprismen im Vergleich zu Glas- oder Folienfiltern besteht darin, dass die Anforderungen an die

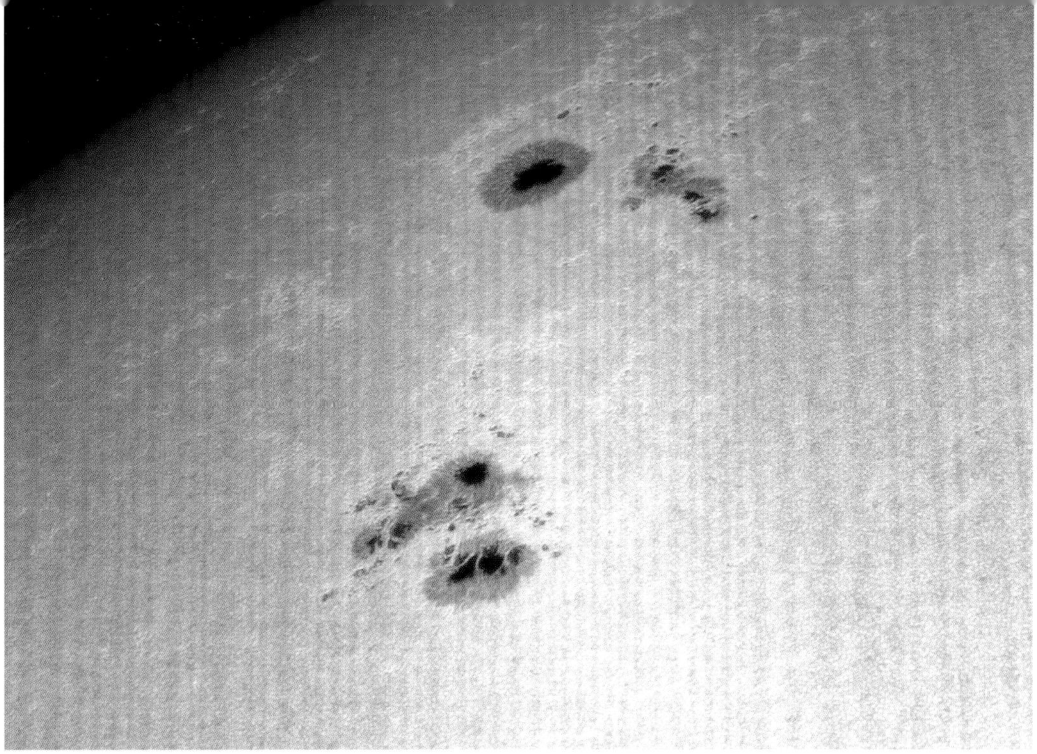

Sonnenflecken im Weißlicht; Herschel-Prisma mit Solar-Continuum-Filter (540nm) bei Brennweite 3250mm, Öffnung 130mm; ungekühlte CCD-Kamera; 500 von 2500 Einzelaufnahmen in AviStack2 und Photoshop bearbeitet.

optische Qualität der Prismen in der Nähe des Brennpunktes deutlich unter denen von Objektivsonnenfiltern liegen. Auch entfällt meist eine zusätzliche Komponente im Strahlengang, da die Herschelprismen gleichzeitig die Funktion eines Zenitprismas übernehmen.

KAPITEL 3

Fotografie der Sonne im Hα-Licht

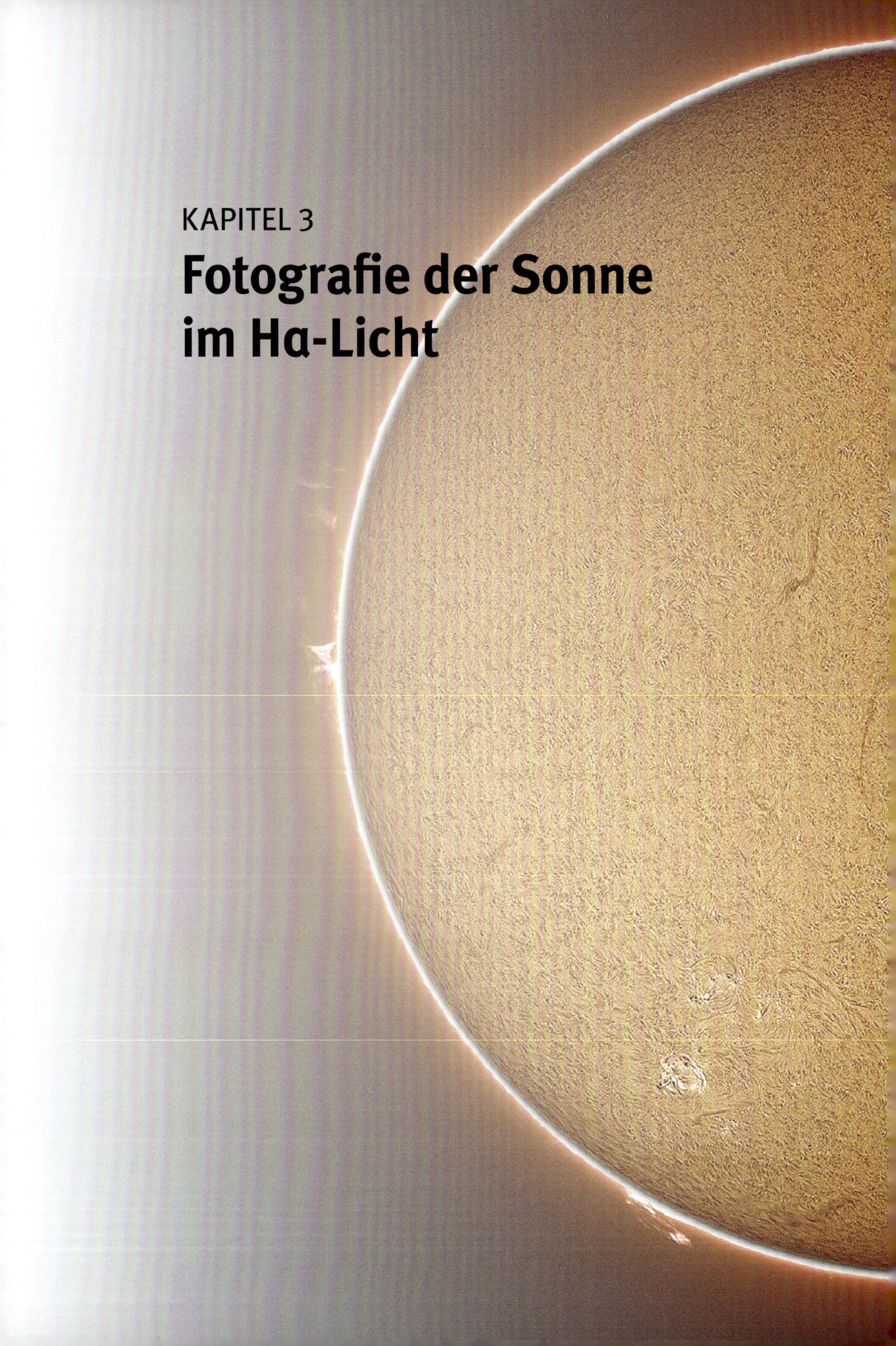

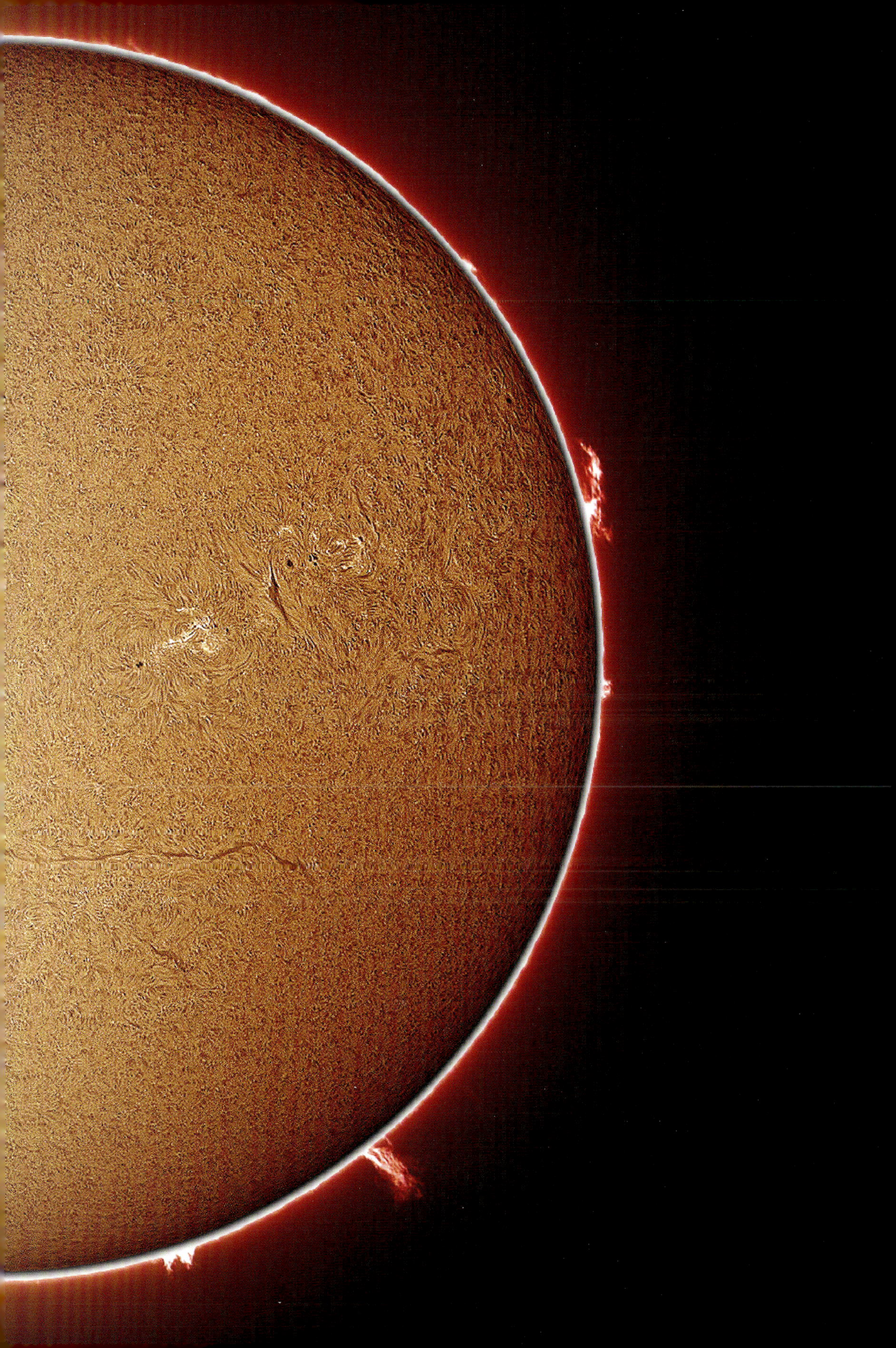

Während bei der Fotografie der Sonne im Weißlicht das gesamte Licht des sichtbaren Spektrums verwendet wird, wird für die Fotografie der Sonne im Hα-Licht nur ein sehr kleiner Teil des sichtbaren Lichts verwendet: Das rote Licht der Wellenlänge von 656nm.

Obwohl die Chromosphäre, in der die Phänomene der Sonne im Hα-Licht beobachtet werden können, über der für die Beobachtung im Weißlicht wichtigen Photosphäre liegt, ist deren Beobachtung deutlich schwieriger, da ihre Leuchtkraft nur 1/1.000.000 der Leuchtkraft der Photosphäre beträgt. Interessant ist die Beobachtung der Chromosphäre vor allem, da im Hα-Licht interessante Phänomene zu beobachten sind: Mit entsprechenden Hα-Filtern werden Protuberanzen und Filamente ebenso sichtbar wie chromosphärische Fackelgebiete und Sonnenflares.

Folgende Ausrüstung ist für die Fotografie der Sonne im Hα-Licht notwendig:

- Eine Aufnahmeoptik auf einer parallaktischen Montierung mit motorischer Nachführung, die die Aufnahmeoptik während der Aufnahme dem scheinbaren Lauf der Sonne nachführt.
- Eine auch bei 656nm empfindliche CMOS- oder CCD-Kamera (meist eine monochromatische Kamera), die in der Lage ist umfangreiche Bildfolgen in kurzer Zeit aufzunehmen und an einen angeschlossenen PC weiterzuleiten.
- Ein (möglichst enger) Hα-Filter, der die Phänomene der Chromosphäre sichtbar macht. Ein solcher Filter wird entweder an ein schon vorhandenes Teleskop adaptiert, alternativ gibt es auch Hα-Teleskope, bei denen der Filter fest mit dem Teleskop verbaut ist.

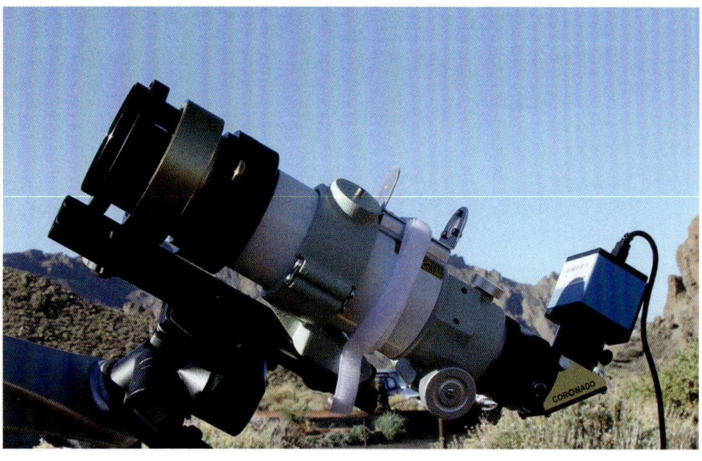

Hα-Filter von Coronado an einem kleinen Refraktor mit 60mm Öffnung auf einer Reisemontierung vom Typ AstroTrac. Die angeschlossene CCD-Kamera liefert ihre Bilder an ein angeschlossenes Notebook.

Typen von Hα-Filtern

Es lassen sich zwei Bauarten von Hα-Filtern unterscheiden; der Unterschied liegt dabei vor allem in der Position der Filterelemente im Strahlengang und den zu berücksichtigenden physikalischen Anforderungen. Beim konventionellen Aufbau von Hα-Filtern befindet sich vor der Eintrittsöffnung des Teleskops ein Energieschutzfilter (Energy-Rejection-Filter, ERF), um den größten Teil der Sonnenenergie vor dem Eintritt ins Teleskop zu blockieren. Alle anderen für die Hα-Beobachtung notwendigen Filterelemente (Etalon und Blockfilter) befinden sich am entgegengesetzten Ende, möglichst dicht vor dem Okular. Hα-Filter dieser Bauart arbeiten nur in einem kleinen Temperaturbereich optimal, so dass in der Regel eine elektrische Heizung in die Systeme eingebaut ist, die am Beobachtungsort einen Stromanschluss voraussetzt. Eine optimale und kontrastreiche Abbildungsqualität wird bei diesem Aufbau erreicht, wenn die vom Teleskopobjektiv gebeugten Strahlen möglichst parallel auf das okularseitige Filterelement treffen; in der Regel ist hierfür ein Öffnungsverhältnis von f/30 ideal. Erreicht werden kann dieses durch den Einsatz eines brennweitenverlängernden telezentrischen Systems im Strahlengang, das als Barlowlinse fungiert. Statt der Temperierung der okularseitigen Filterelemente zur Sicherstellung der optimalen Position der Filterelemente zueinander gibt es alternativ auch Hα-Filter, bei denen die Position der Filte-

ERF-Filter

Hα-Filter für die Sonnenfotografie sind empfindlich – und meist recht teuer. Diese empfindlichen Filter nehmen Schaden, wenn sie der Sonnenstrahlung in einem Teleskop ungefiltert ausgesetzt werden. Um die gefährliche Sonnenhitze nicht in das Sonnenteleskop und an den Hα-Filter gelangen zu lassen, ist bei der Sonnenfotografie im Hα-Licht vor der Eintrittsöffnung des Teleskops ein Energieschutzfilter notwendig, meist ein strenger Rotfilter.

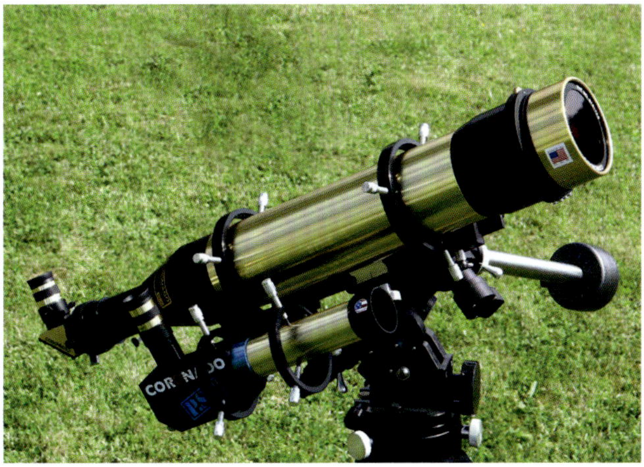

Hier wird ein Hα-Teleskop vom Typ Coronado SpolarMax 90 zusammen mit einem parallel montierten Kalzium-PST (zur Beobachtung der Sonne in der Kalzium-Linie) betrieben.

relemente zueinander durch die Veränderung des Luftdrucks im Filtersystem modifiziert wird. Dieses Verfahren kommt ohne Stromanschluss am Beobachtungsort aus.
Ein Nachteil dieses Aufbaus besteht darin, dass sich aus dem notwendigen kleinen Öffnungsverhältnis von f/30 eine lange Beobachtungsbrennweite ergibt, die zwar gut die Fotografie von Details, meist jedoch nicht der gesamten Sonnenscheibe in einer Übersichtsaufnahme ermöglicht. Die Lösung liegt in der Aufteilung des Filters und Verlagerung eines Teils vor das Objektiv, wo die Stahlen ohnehin (fast) parallel verlaufen: Vor dem Objektiv sitzt bei diesem aufgeteilten Aufbau wiederum das Energieschutzfilter und dahinter in der gleichen Filtereinheit das erste notwendige Hα-Filterelement (Etalon), während das zweite Hα-Filterelement (Blockfilter) wieder vor dem Okular positioniert wird. Bei dieser Bauweise muss die Brennweite des Teleskops für die Beobachtung und Fotografie der Sonne im Hα-Licht nicht verlängert werden, und auch eine Temperierung der Filterelemente ist nicht notwendig. Das Besondere bei diesem aufgeteilten Aufbau ist, dass der vordere Filter mit einer Rändelschraube gegen die optische Achse verkippt werden kann. Damit kann man während der Beobachtung bzw. Fotografie die transmittierte Wellenlänge um Bruchteile eines Nanometers in Richtung des blauen Flügels der Hα-Linie schieben. So werden auf der Sonnenoberfläche Flares sichtbar, in denen Energie mit hoher Geschwindigkeit

Was ist ein Protuberanzenansatz?

Bei einem Protuberanzenansatz, wie er von Wolfgang Lille in den 1970er-Jahren des vergangenen Jahrhunderts für Amateure entwickelt wurde, wird das gleißend helle Sonnenlicht im Brennpunkt eines Refraktors von einem Metallkegel passender Größe zur Seite ausgeblendet (und so für den Beobachter quasi eine künstliche Sonnenfinsternis erzeugt).
Hinter dem Kegel ist ein Hα-Filter von etwa 0,15nm Bandbreite angebracht, der das Licht der Protuberanzen am Sonnenrand zeigt. Dies ist eine relativ gefährliche Art der Beobachtung, da sich die ganze Sonnenenergie im Brennpunkt des Teleskops konzentriert. Da der scheinbare Sonnendurchmesser im Laufe des Jahres variiert, müssen Metallkegel unterschiedlicher Größe verwendet werden, die außerdem auf die Brennweite des Refraktors abgestimmt sein müssen. Ein Vorteil ist, dass die helle Sonnenscheibe völlig ausgeblendet wird und man im Okular ein kontrastreiches Bild erhält, dafür aber auch – diesen Nachteil muss man bei der Fotografie mit Protuberanzenansatz in Kauf nehmen – keine Strukturen auf der Sonnenscheibe fotografieren kann.
Zur genauen Zentrierung der Kegelblende auf die Sonnenscheibe wird eine Montierung mit Nachführung (Sonnengeschwindigkeit) benötigt. Dies ist der Hauptnachteil der verhältnismäßig preiswerten Protuberanzenansätze. Derzeit sind keine Protuberanzenansätze mehr kommerziell verfügbar.

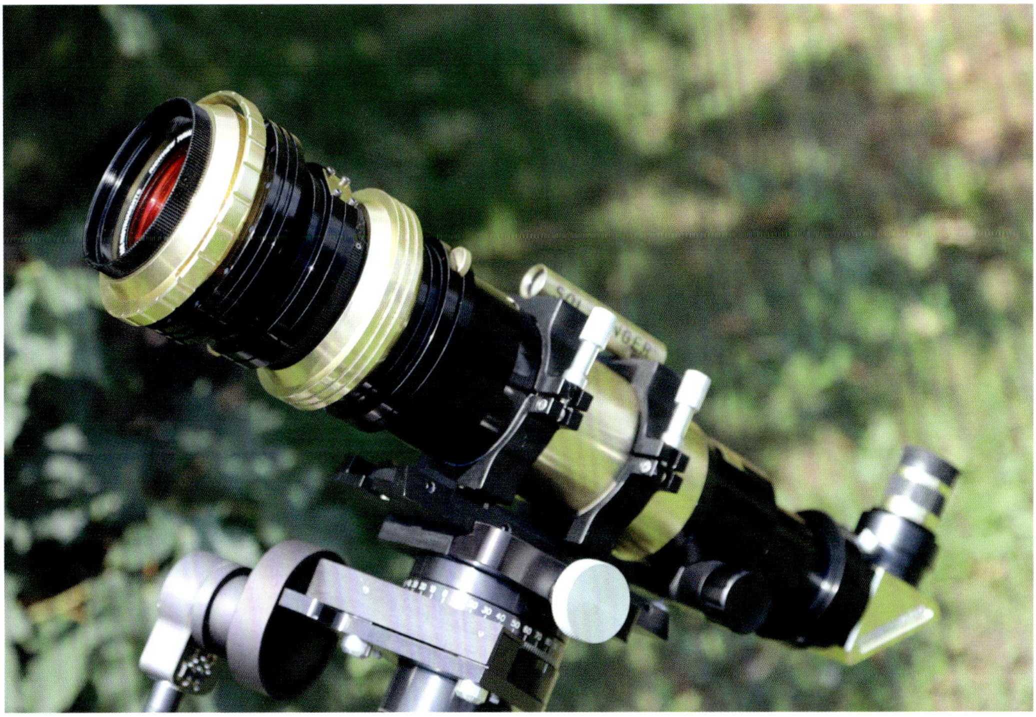

Das SolarMax III 70mm ist hochwertig verarbeitet und zeigt dies auch in seiner durchgängig schwarz-goldenen Gestaltung. Deutlich zu erkennen ist das erste von zwei Filterelementen mit 60mm Durchmesser, die bei der Double-Stack-Version einen Durchlass von 0,5 Ångström realisieren.

ausgestoßen wird und aufgrund des Dopplereffekts eine leichte Blauverschiebung gegenüber Hα erfolgt. Mit einem Filter exakt auf die Hα-Linie zentriert wären diese Effekte nicht sichtbar. Bei den konventionellen Hα-Filtersystemen wird statt einer Verkippung des Etalons die Temperatur der Heizung verändert, um die Flügel der Hα-Linie zu beobachten.

Bei der Fotografie der Sonne im Hα-Licht ist vor allem die Bandbreite des eingesetzten Hα-Filters verantwortlich für die zu erwartende Detailfülle der Beobachtung. Für die Wirksamkeit eines solchen Filters gilt folgende vereinfachende Regel: je geringer die Halbwertsbreite, desto mehr Details sind sichtbar, umso weniger Licht steht aber auch zur Verfügung.

Filter mit einer Halbwertsbreite >1,0Å (0,1nm) zeigen nur Protuberanzen am Sonnenrand, während mit Filtern zwischen 0,8Å und 0,7Å auch Filamente und Fackelgebiete auf der Oberfläche der Sonne sichtbar werden. Filter mit Halbwertsbreiten unter 0,6Å zeigen wesentlich detailliertere und kontrastreichere Bilder der Sonnenoberfläche. Die Helligkeit der Protuberanzen nimmt aber wieder deutlich ab.

Je schmalbandiger ein Hα-Filter ist, desto kontrastreicher bilden sich die Protuberanzen am Sonnenrand vor dem aufgehellten

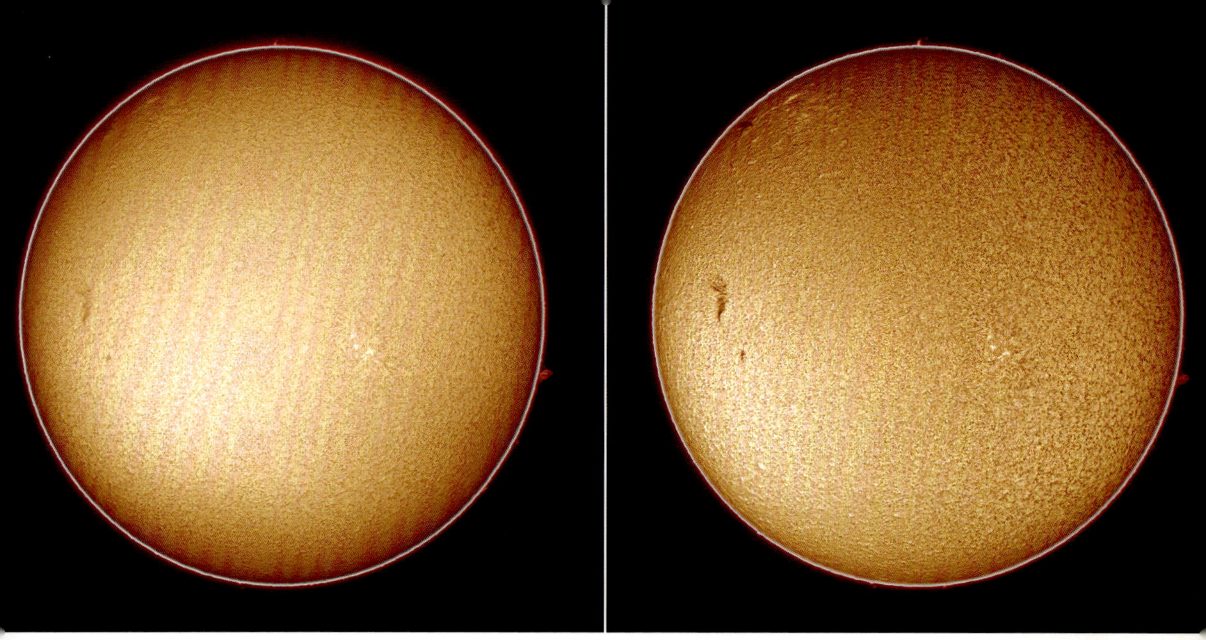

Vergleich der Darstellung der Sonnenscheibe bei Verwendung nur eines Filterelements (SingleStack, 0,7 Ångström, links) und zweier Filterelemente (Double-Stack, 0,5 Ångström, rechts). Beide Aufnahmen entstanden unmittelbar nacheinander mit dem SolarMax III 70mm und wurden gleich verarbeitet.

Taghimmel ab. Filterbandbreiten von 1nm sind bei extrem blauem Himmel für die Erkennung von Protuberanzen noch ausreichend eng, die Sonnenscheibe bietet dabei jedoch nicht mehr Details als im Weißlicht. Sobald Zirren aufziehen und den Himmel milchig-weiß trüben, sind Protuberanzen bei 1nm Bandbreite kaum noch zu erkennen. Bei Filterbandbreiten unter 0,1nm sind auch bei nicht ganz so klarem Himmel Protuberanzen noch gut zu sehen und auch chromosphärische Strukturen auf der Sonnenoberfläche treten hervor. Doch die Vorteile einer engen Bandbreite erkauft man sich mit einem vergleichsweise hohen Anschaffungspreis des Filters.

Was ist ein Etalon und wie funktioniert es?

Ein Etalon ist ein Interferenzfilter, der in der Sonnenfotografie verwendet wird, um die Wellenlänge des Hα-Lichts vom Weißlicht zu isolieren. Ein Etalon besteht dabei aus zwei parallelen, hochreflektierenden Oberflächen, die einen schmalen Spalt zwischen sich bilden. Wenn Licht durch diesen Spalt fällt, tritt Interferenz zwischen den Lichtstrahlen auf, die an den Oberflächen des Etalons reflektiert werden. Dies führt dazu, dass Licht bestimmter Wellenlängen wie der Hα-Linie konstruktiv interferiert und verstärkt wird, während Licht anderer Wellenlängen destruktiv interferiert und abgeschwächt oder blockiert wird.

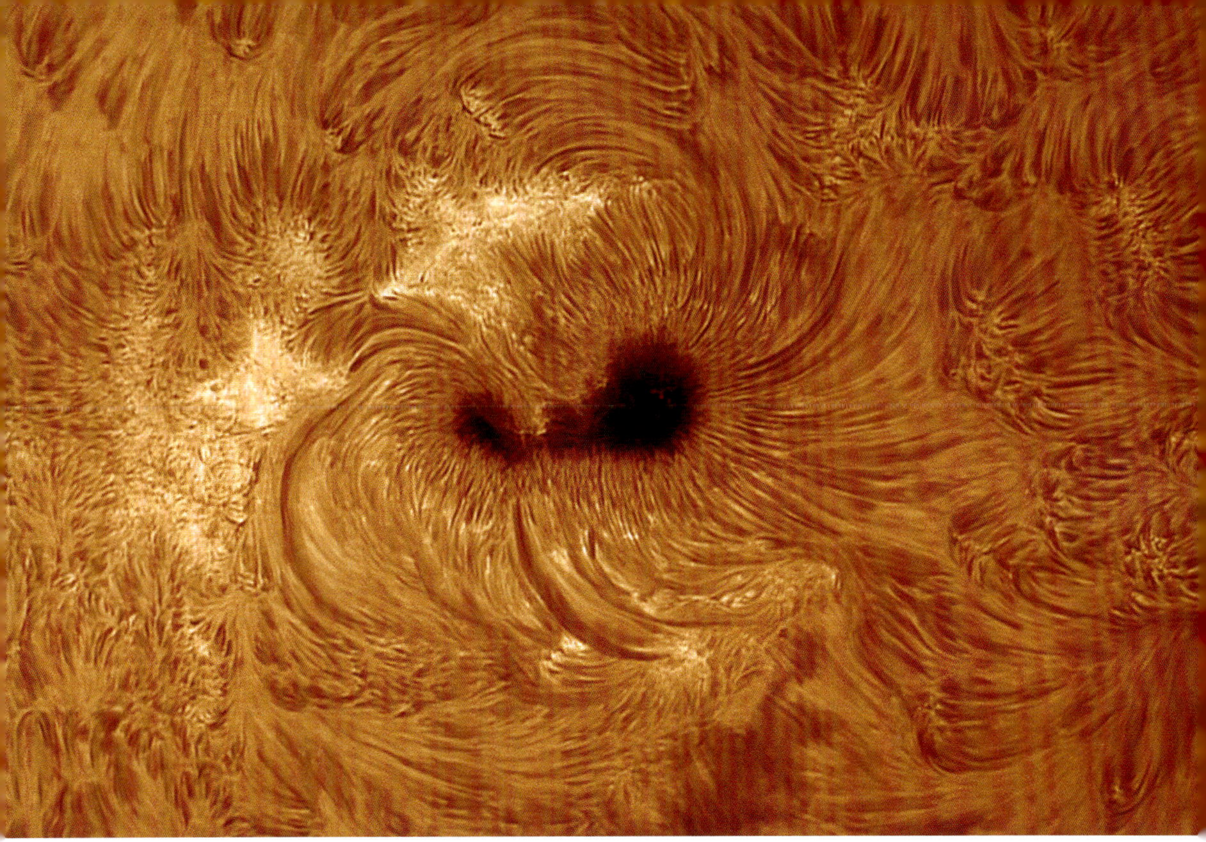

Eindrucksvoller Sonnenfleck: Hα-Filter (mit 5nm Durchlass) von Solar Spectrum und Daystar Quark Chromosphere-Hα-Filter (im Double Stack) am Refraktor bei einer Brennweite von 6400mm, Öffnung 178mm, ungekühlte CCD-Kamera; 3000 Bilder in AutoStakkert und Photoshop bearbeitet. Bildautor: Bernd Flach-Wilken.

Steigerung der Bildqualität

Die Qualität von Hα-Aufnahmen der Sonne kann grundsätzlich auf zwei Arten gesteigert werden: Zum einen durch die Verwendung größerer Öffnungen. Größere Teleskopöffnungen können nicht nur mehr Licht sammeln und ermöglichen dadurch kürzere Belichtungszeiten, die die Luftbewegungen »einfrieren« und so schärfere Einzelbilder erzeugen, sie bieten auch eine größere Auflösung und zeigen damit mehr Details der fotografierten Sonnenphänomene. Größere Öffnungen für die Hα-Fotografie können entweder durch den Einsatz größerer Hα-Filter – wie sie beispielsweise von den Firmen Coronado, Lunt und Daystar Filters angeboten werden – realisiert werden, oder dadurch, dass kameraseitige Hα-Filtersätze an bereits vorhandenen Teleskopen verwendet werden, bei denen dann nur ein entsprechend groß dimensionierter ERF-Filter erworben werden muss.

Eine weitere Möglichkeit, die Qualität und den Detailreichtum von Hα-Aufnahmen der Sonne zu steigern, besteht darin einen Hα-Filter mit geringerer Bandbreite zu verwenden: Je enger die Bandbreite des Hα-Filters ist,

Hα-Filter für vorhandene Teleskope

Die für die Fotografie der Sonne im Hα-Licht erforderliche Kombination aus Front- und Blockfilter kann man auch ohne das Teleskop erwerben und an seinen eigenen Refraktor anpassen. Daystar setzt dabei auf einen etwas anderen Ansatz als Coronado und Lunt: Der bekannte Hersteller verschiedener hochwertiger Filter zur Sonnenbeobachtung bietet preiswerte Filter für Einsteiger in der »Quark« genannten Modellreihe. Es handelte sich dabei um kompakte Filter, die am 2"- oder 1 1/4"-Zoll Anschluss vorhandener Teleskope adaptiert werden können.
In die Quark-Hα-Elemente ist neben dem Hα-Filter, dessen Bandbreite herstellerseitig nicht explizit angegeben ist, auch ein 4,2×-Teleextender eingebaut, so dass die Brennweite des verwendeten Objektivs entsprechend verlängert wird. Anders als bei den Systemen von Coronado und Lunt ist bei den Daystar-Filtern eine exakte Temperierung des Filters notwendig, was im Betrieb einen Stromanschluss voraussetzt.

desto mehr Details der Sonnenoberfläche werden sichtbar. Nach dem Einstieg in die Hα-Fotografie der Sonne mit einem Personal Solar Telescope wäre ein Hα-Filter mit 0,7Å oder gar ein Filter mit nur 0,5Å ein denkbarer nächster Schritt für einen engagierten Sonnenfotografen. Wenn die Leistungsfähigkeit eines vorhandenen Hα-Filters oder Hα-Teleskops erhöht werden soll, kann die Bandbreite des vorhandenen Filters durch »Double Stacking« reduziert werden: Hierzu werden zwei Hα-Filter miteinander kombiniert, so dass ein dunkleres, aber kontrastreicheres Bild der Sonne entsteht, das mehr Details zeigt. Dazu müssen jedoch beide Filter aufeinander abgestimmt sein, um unerwünschte Reflexbilder zu vermeiden.

Hα-Teleskope

Den Amateurmarkt der Hα-Teleskope dominieren seit einigen Jahren die Firmen Coronado, Lunt und Daystar Filters: Die genannten Firmen bieten ein umfangreiches Angebot an kompletten Hα-Sonnenteleskopen: Coronados Angebot reicht vom Personal Solar Telescope (PST) mit 40mm Öffnung bei einer Brennweite von 400mm bis zum SolarMax 90 mit 90mm Öffnung und einer Brennweite von 800mm; Lunt bietet vom Teleskop mit 40mm Öffnung bei 400mm Brennweite bis zum LS230T mit 230mm Öffnung und 1610mm Brennweite ein noch größeres Sortiment. Daystar Filters hat Hα-Teleskope von 60mm Öffnung bei 930mm Brennweite bis zu Hα-Teleskopen mit 127mm Öffnung bei 2667mm Brennweite im Angebot. Zudem bieten alle drei Firmen auch unterschiedliche Hα-Filter-Sets für die Adaption an vorhandene Teleskope an.
Seit Jahren das erfolgreichste Teleskop zum Einstieg in die Hα-Beobachtung ist das »Per-

Das Personal Solar Telescope

Mit der Markteinführung des »Personal Solar Telescope (PST)« löste Coronado vor rund zwanzig Jahren einen waren Hα-Hype unter Amateurastronomen aus. Beim PST handelt es sich um ein komplettes Hα-Teleskop mit einem Objektivdurchmesser von 40mm, einer Brennweite von 400mm und einer Bandbreite, die mit ‹1,0Å angegeben wird (in Vergleichen konnten einige Hobbyastronomen einen Wert von 0,8Å bis 0,7Å eruieren). Die im PST eingesetzte Filterungstechnik stellt dabei eine Weiterentwicklung der klassischen Hα-Filter dar, und ermöglicht somit erst den Bau dieses kompakten, leichten und erstaunlich leistungsfähigen Hα-Teleskops für Amateure.

Wenn dieses kleine Hα-Teleskop auf einer motorisch betriebenen Montierung steht, eignet es sich auch für die Sonnenfotografie. Da der Brennpunkt des PST jedoch sehr dicht über dem Okularstutzen liegt, kommen viele Kameras nicht mehr ohne weiteres in den Fokus. Dieses Problem kann sehr einfach gelöst werden wenn zwischen PST und Kamera eine Barlow-Linse verwendet wird.

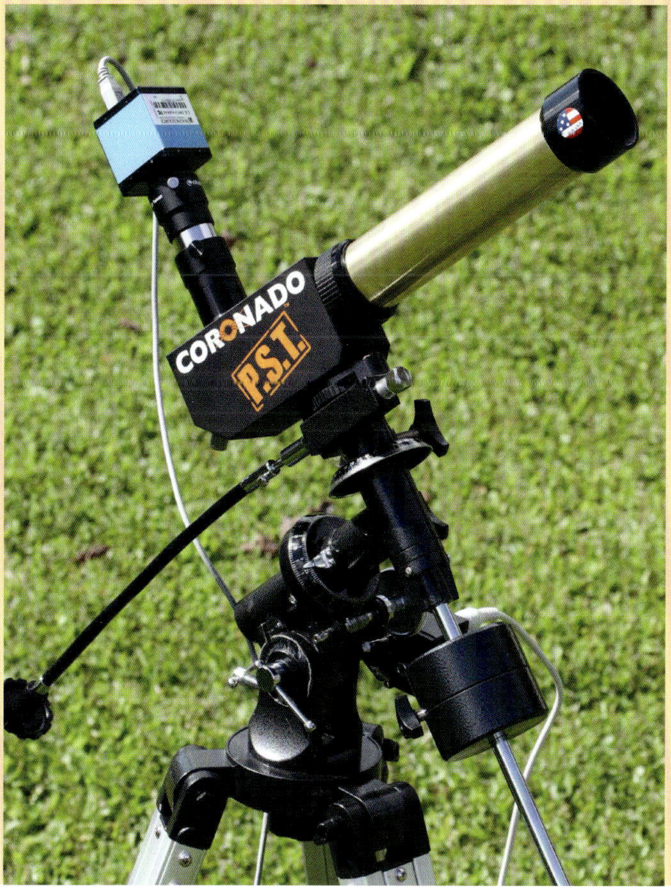

Für den Einstieg in die Hα-Sonnenfotografie ist das Personal Solar Telescope (PST) mit Barlow-Linse und Kamera auf einer kleinen Montierung vom Typ EQ2 (eine Achse ist motorisch nachgeführt) gut geeignet.

sonal Solar Telescope« von Coronado: Ein kleines Teleskop mit eingebautem Hα-Filter, einer Öffnung von 40mm und einer Brennweite von 400mm, das eine problemlose Beobachtung der gesamten Sonne im Hα-Licht ermöglicht. Bei neueren Teleskopen der SolarMax-Baureihe hat Coronado den vorderen Interferenzfilter (Etalon) in den Teleskoptubus verlegt (so dass kleinere Filter notwendig sind, die preiswerter hergestellt werden können) und diese Baureihe mit einem Kipphebel ausgestattet, der wiederum eine Feinjustierung der Darstellung ermöglicht. Lunt arbeitet dagegen zur exakten Anpassung des Etalons mit einem »Pressure Tuner« genannten System, das den Luftdruck im Teleskopinneren verändert.

Kamera

Die Sonnenfotografie ist der Teil der Astrofotografie, bei dem das meiste Licht zur Verfügung steht. Gerade in der Sonnenfotografie ist daher der Einsatz von Kameras mit kurzen Belichtungszeiten notwendig. Kurze Belichtungszeiten können sehr gut mit hohen Bildfolgen kombiniert werden, um die vielen hundert oder tausend Bilder innerhalb einer kurzen Zeit aufnehmen zu können. Seit einiger Zeit halten daher ursprünglich für den industriellen Einsatz entwickelte ungekühlte CMOS-, bzw. CCD-Kameras Einzug in die Sonnenfotografie, da diese Kameras mit kurzen Belichtungszeiten, schnellen Bildfolgen und großen Chipflächen überzeugen können. Für Sonnenfotografen sind dabei folgende Merkmale leistungsfähiger Kameras für die Sonnenfotografie wichtig:

8, 12 oder 16 Bit für die Sonnenfotografie?

Während bei der Fotografie der Planeten, wo meist Kameras mit 8 Bit Datentiefe zum Einsatz kommen, durch die hohen Vergrößerungen oft nur wenig Licht zur Verfügung steht und daher meist mit starken Verstärkungen (Gain) und hohen Rauschwerten gearbeitet wird, gibt es dieses Problem bei der Sonnenfotografie nicht: Die Sonne als hellster Stern liefert in allen üblichen Linien der Sonnenfotografie mehr als genug Licht, so dass bei der Aufnahme und Bildverarbeitung mit geringer Signalverstärkung gearbeitet werden kann und so die Kameras die Potentiale von 12 oder 16 Bit Datentiefe in diesem Bereich der Astrofotografie ausspielen können.

- Die Kamera sollte möglichst über eine Chipgröße von mindestens 0,5" verfügen, um die gesamte Sonne in der Übersicht bei rund 400mm Brennweite problemlos und bequem abbilden zu können. Zudem ermöglichen es Detektoren dieser Größe, auch bei höheren Vergrößerungen noch größere Übersichtsgebiete der Sonne detailliert abzubilden. Um eine detailreiche Abbildung zu ermöglichen, sollte die Auflösung des Chips über 1280 × 960 Bildpunkten liegen.
- Eine hohe Bildrate von mindestens 25 Bildern pro Sekunde bei voller Auflösung soll gewährleisten, dass die in der

✓ Tipp des Autors

Angefangen habe ich vor Jahren, wie vermutlich viele andere Sonnenfotografen auch, nach der Fotografie der Sonne im Weißlicht mit einem kleinen Personal Solar Telescope, um die Sonnenphänomene auch im Hα-Licht beobachten zu können. Ich bin dann für die Hα-Beobachtung bei den Teleskopen von Coronado geblieben. Mit der Zeit habe ich mir für die schon vorhandenen Teleskope individuelle Filterhalter fertigen lassen, um die Filtersysteme dann nicht nur an den Coronado-Teleskopen nutzen zu können, sondern auch an schon vorhandenen Optiken mit größerer Öffnung und längerer Brennweite. Aber auch andere Systeme, wie beispielsweise die Hα-Filter von Daystar Instruments, haben einen exzellenten Ruf in der Szene!

Sonnenaufnahme mit einem Personal Solar Telescope (PST). Dieses kleine Einsteigerteleskop für die Beobachtung der Sonne im Hα-Licht zeigt keine so homogene Darstellung der Sonne wie größere Sonnenteleskope mit größerer Öffnung, größerem Filter und engerem Durchlass.

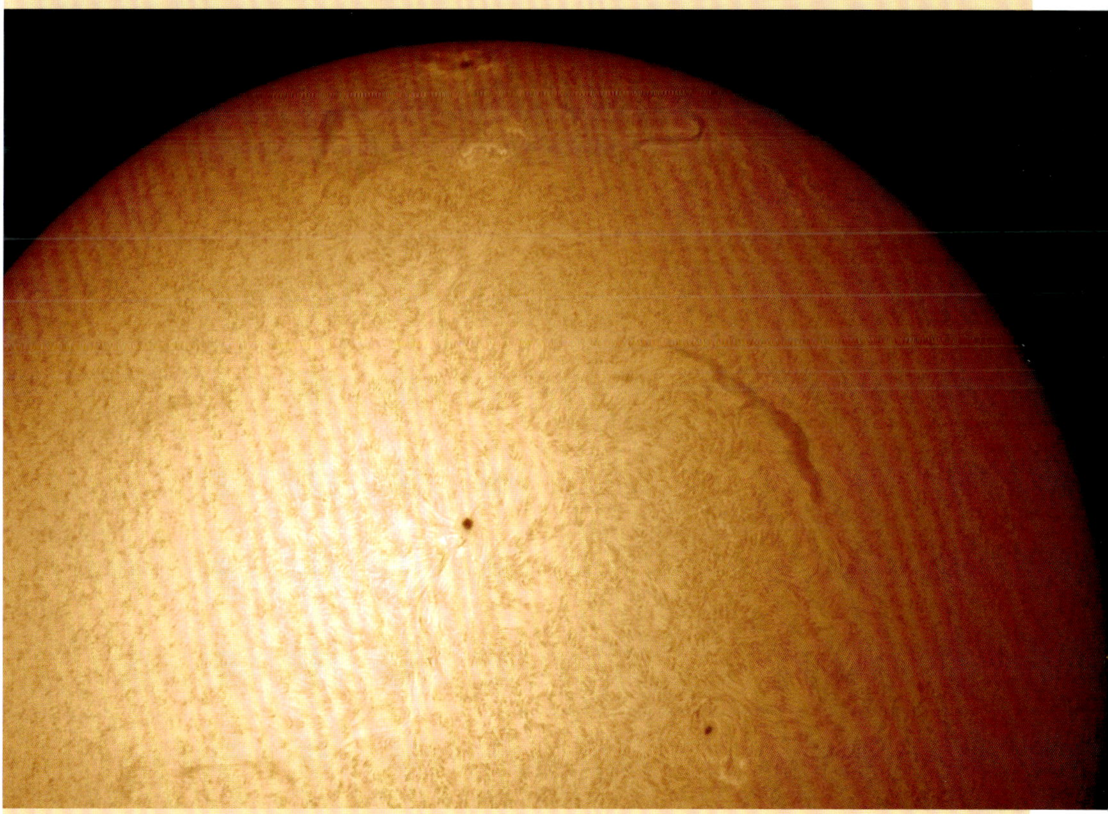

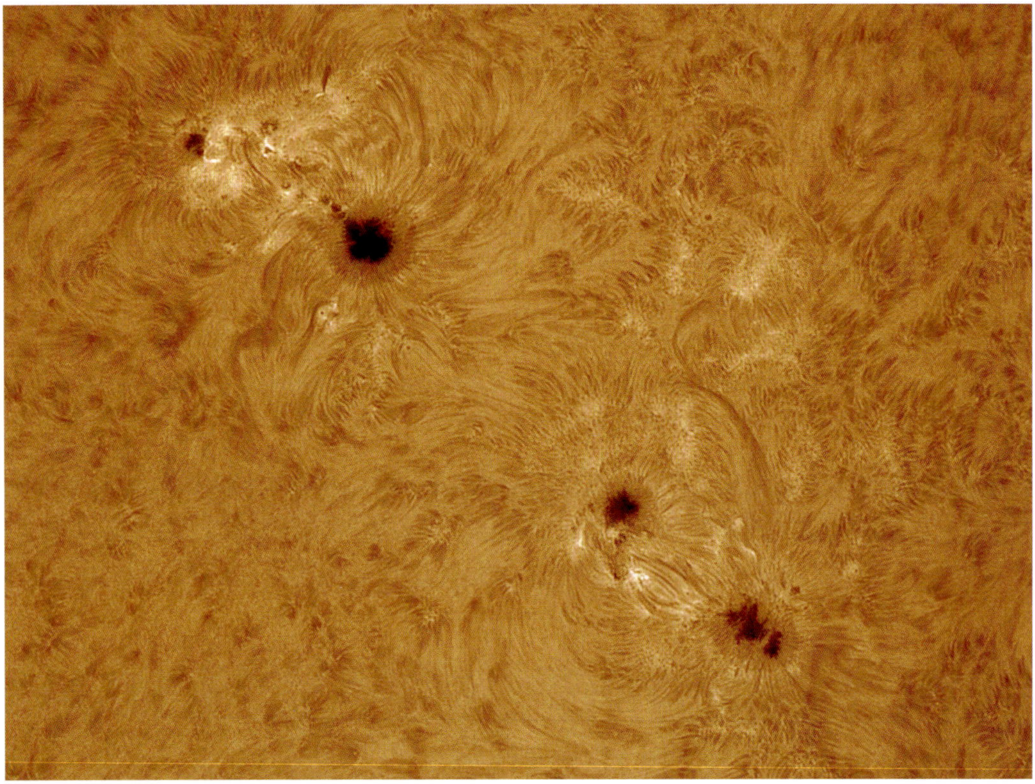

Sonnenflecken im Hα-Licht; entstanden mit einem Coronado SolarMax 90-Filter am 130mm-Refraktor mit Brennweite 2000mm, Öffnung 90mm; ungekühlte CCD-Kamera; 500 von 2500 Einzelbildern in AviStack2 und Photoshop bearbeitet.

Sonnenfotografie üblichen mehreren hundert oder tausend Bilder in einer nicht allzu langen Zeit aufgenommen werden können.

- Da sich aus einer hohen Auflösung und einer hohen Bildfrequenz sehr schnell ein beachtliches Datenvolumen ergibt, das die Kamera an den angeschlossenen Rechner liefert, sollte die Kamera mit einem USB3-, GigE- oder USB-C-Anschluss ausgestattet sein.
- Vor allem sollte die Kamera eine ausreichende Empfindlichkeit zur Abbildung der Sonne auch im Hα-Licht (bei 656nm) verfügen – sinnvoll ist daher der Einsatz eines Schwarzweiß-Detektors.

Zu beachten ist beim Einsatz leistungsfähiger Industriekameras, dass sich – bedingt durch die entstehenden Datenmengen, die sich aus den verwendeten großen Chips, der hohen Auflösung und der Tiefe der Darstellungen (12 Bit/16 Bit statt 8 Bit) ergeben – die Anforderungen an den Workflow und die zur Bildbearbeitung notwendige Hardware ändern: Bei leistungsfähigen Kameras kommen

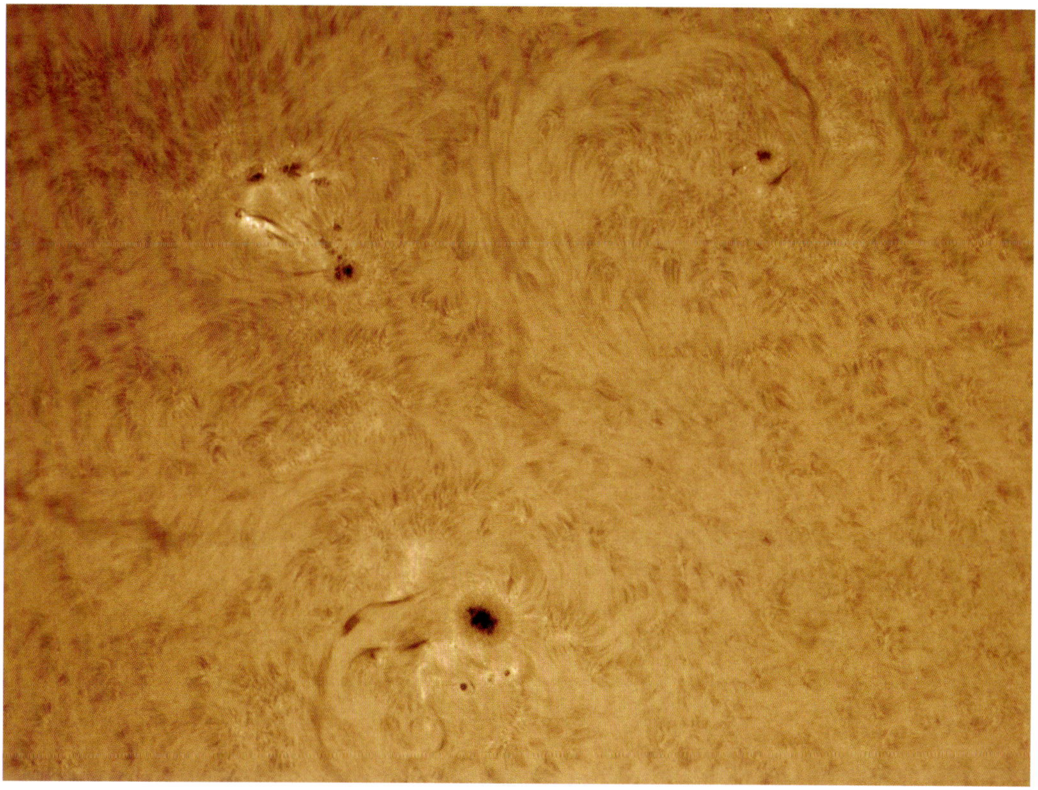

Sonnenflecken Hα-Licht; entstanden mit einem Coronado SolarMax 90-Filter am 130mm-Refraktor mit Brennweite 2250, Öffnung 90mm; ungekühlte CCD-Kamera; 500 von 2500 Einzelbildern in AviStack2 und Photoshop bearbeitet.

✓ Tipp des Autors

Ich habe in den vergangenen Jahren zahlreiche Kameras in der Sonnenfotografie ausprobiert – von Smartphone-Kameras über Spiegelreflex- und spiegelloses Systemkameras bis hin zu Industriekameras. Während ich bei Sonnenfinsternissen Spiegelreflexkameras einsetze (da diese ohne angeschlossenen PC auskommen und es bei Sonnenfinsternissen um die Erstellung von Einzelaufnahmen geht), verwende ich für die Dokumentation der täglich wechselnden Phänomene auf der Sonne Industriekameras mit schneller Bildfolge und einer entsprechenden Empfindlichkeit über das gesamte beobachtete Spektrum. Entsprechende Kameras der Firmen »The Imaging Source« und die »Grasshopper«-Kameras von der Fa. FLI haben sich über die Jahre in der Astro-Szene einen guten Ruf erworben.

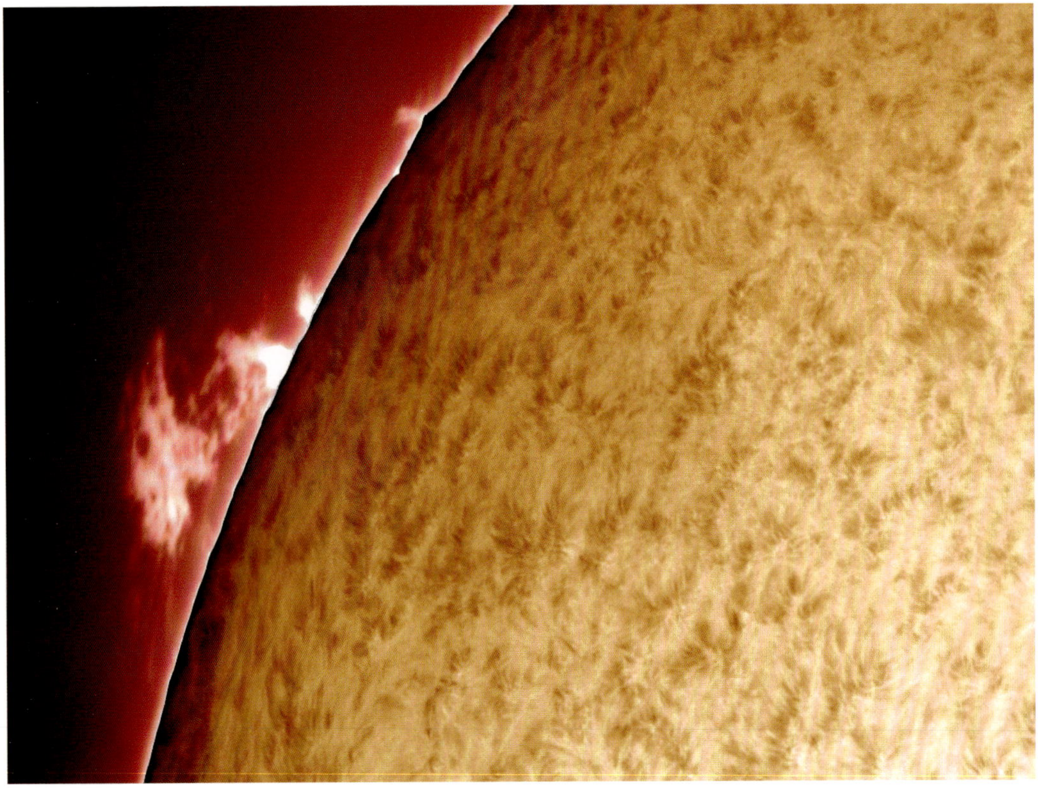

Protuberanzen im Hα-Licht; entstanden mit einem Coronado SolarMax 90-Filter am 130mm-Refraktor mit Brennweite 2250, Öffnung 90mm; ungekühlte CCD-Kamera; 500 von 2500 Einzelbildern in AviStack2 und Photoshop bearbeitet.

problemlos Datenmengen im zweistelligen Gigabyte-Bereich zusammen – pro Aufnahme. Bei je zwei bis drei Filmsequenzen von interessanten Fleckengebieten und Protuberanzen im Weißlicht und im Hα-Licht entstehen leicht Datenmengen zwischen 50 und 100 Gigabyte, die zunächst bei den Aufnahmen auf dem SSD-Speicher des Aufnahmerechners Platz finden müssen, ein Kopieren der Daten von der Festplatte auf andere Datenträger kann dann zum Problem werden. Und auch die Berechnung der Bilder setzt bei diesen Dateigrößen entsprechend leistungsfähige Rechner voraus – oder führt zu deutlich längeren Bearbeitungszeiten. Die Qualität der Sonnenaufnahmen, die diese neuen und leistungsfähigen Kameras mit größerem Chip ermöglichen, lässt den erhöhten technischen und zeitlichen Aufwand bei Aufnahme und Bildverarbeitung jedoch schnell vergessen.

Sonnenfotografie mit einer Spiegelreflexkamera?

Daystar Filters bietet seinen Hα-Filter auch mit Adaptionsmöglichkeit an DSLR-Kameras an (»Camera Quark«). Um die Sonne auf dem Chip einer Vollformat-DSLR formatfüllend abzubilden, ist eine Brennweite von 2400mm notwendig. Wenn zwischen Chip- und Sonnenrand noch etwas Platz bleiben soll, um auch Protuberanzen aufnehmen zu können, dürfte man mit einer Brennweite von rund 2000mm besser liegen. Eine solche Brennweite ergibt sich rechnerisch aus der Verwendung des Camera Quark an einem Objektiv mit 476mm (2000/4,2=476). Eine Brennweite im Bereich von 450mm bis 500mm Brennweite liefert daher zusammen mit dem Camera Quark eine fast formatfüllende Abbildung der Sonne auf einem Vollformatchip. Für DSLR-Kameras mit dem kleineren APS-Sensor folgt eine Brennweite von 300mm für eine fast formatfüllende Abbildung der Sonne.

Camera Quark an einer DSLR vom Typ Canon D6 und einem lichtstarken Canon-Teleobjektiv mit 70-200mm Brennweite.

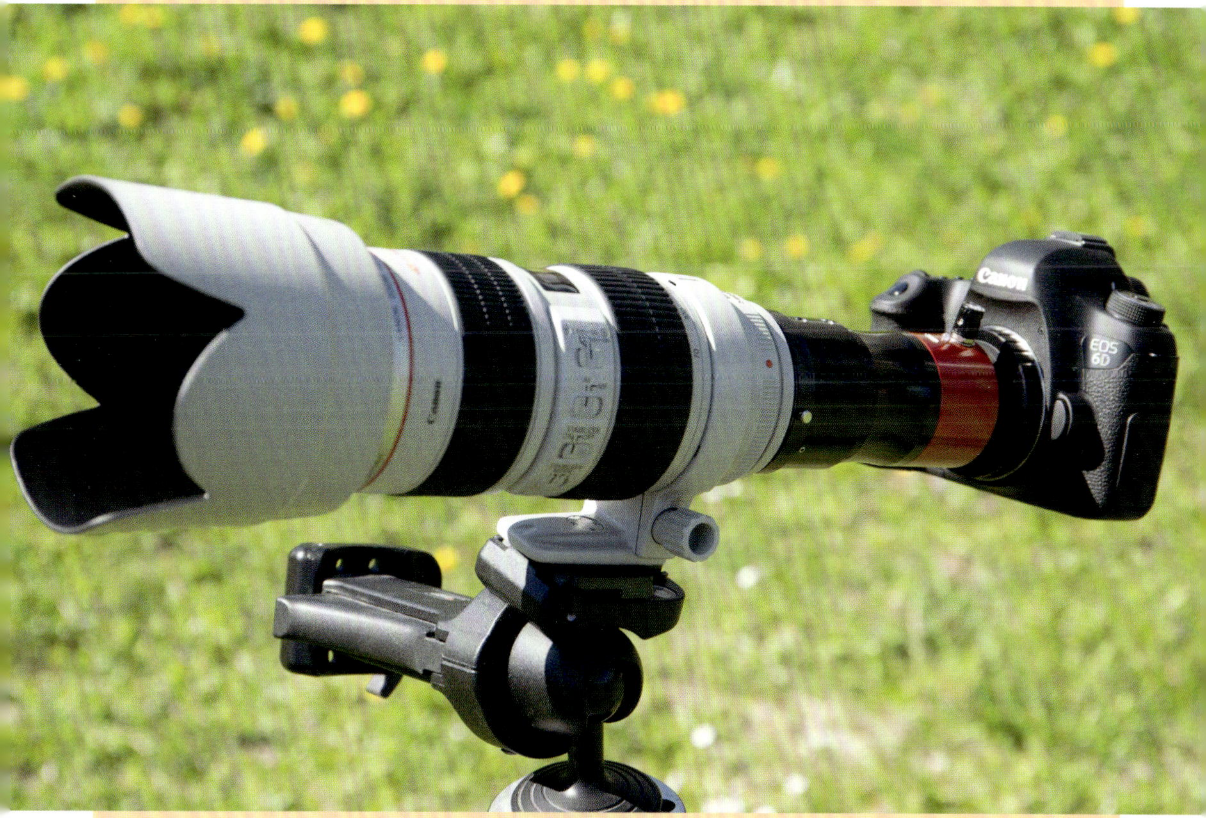

KAPITEL 4

Fotografie der Sonne im Kalzium-Licht

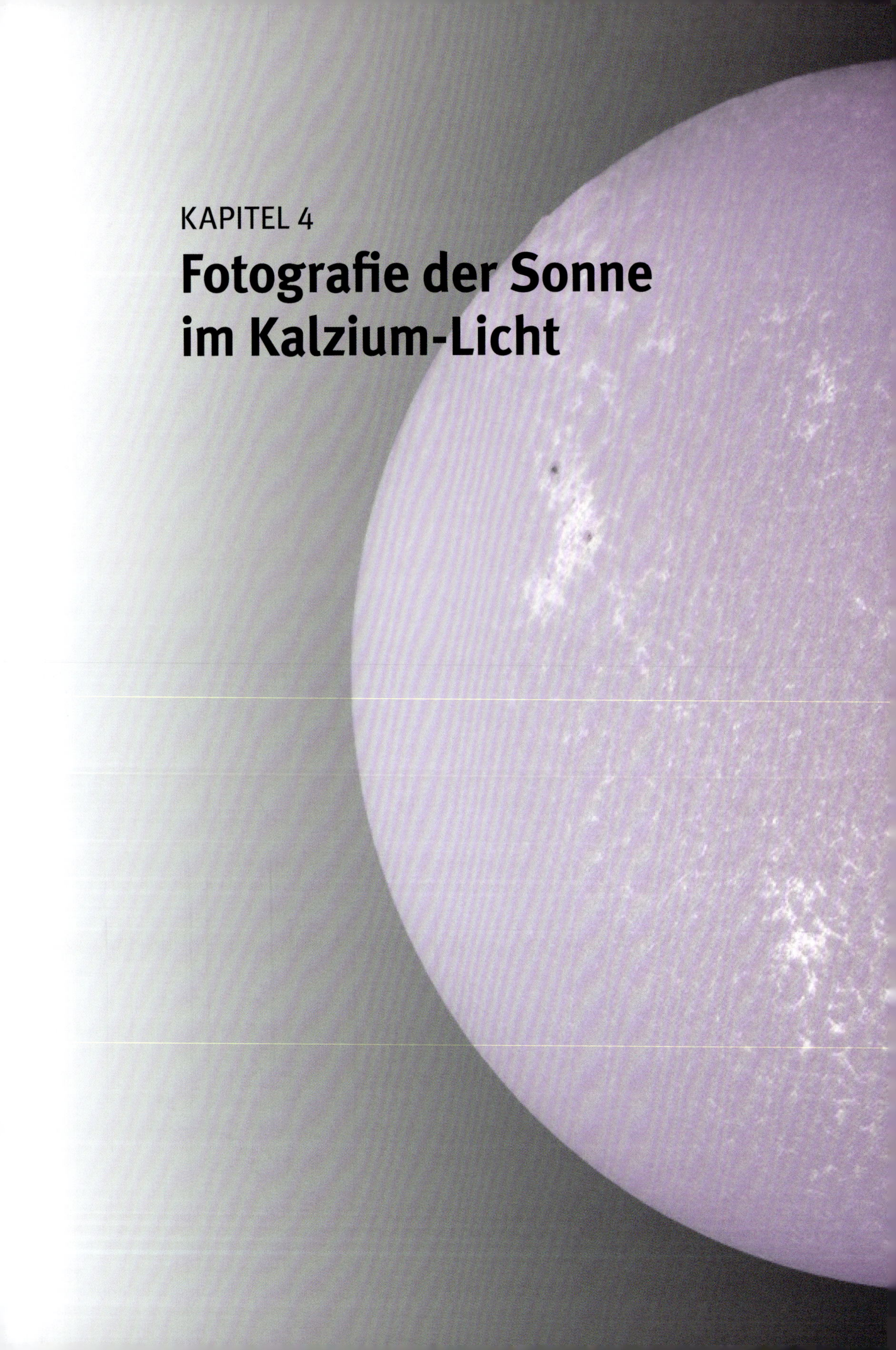

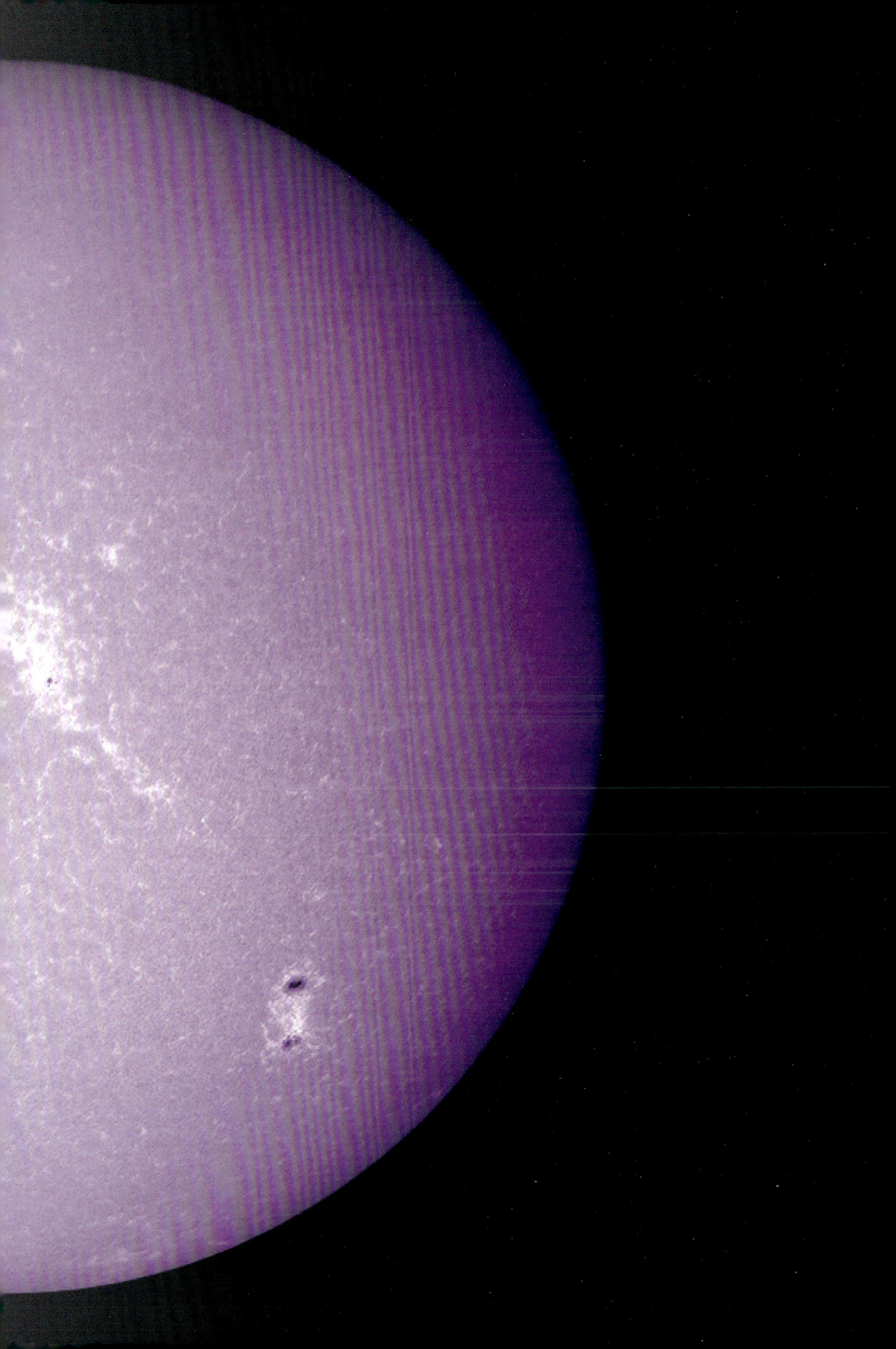

Wie auch die Fotografie der Sonne im Hα-Licht, so betrachtet auch die Fotografie der Sonne im Kalzium-Licht die Phänomene auf der Sonne nur im Bereich einer engen Wellenlänge. Während die Hα-Fotografie sich auf den roten Bereich des Sonnenlichtes bei 656,28nm beschränkt, erfolgt die Kalzium-Fotografie der Sonne im Bereich des blauen bzw. violetten Lichtes. Da der Bereich aus zwei Spektrallinien besteht, werden diese unterschieden in CaK und CaH bei 393,37nm bzw. 396,85nm. Beobachtet werden können im Kalzium-Licht Phänomene, die zwischen der Photosphäre und der Chromosphäre stattfinden.

Das für Aufnahmen der Sonne im Kalzium-Licht notwendige Aufnahmeequipment ist daher ähnlich zu der Ausrüstung, das bei Aufnahmen der Sonne im Hα-Licht zum Einsatz kommt:

- Eine Aufnahmeoptik auf einer parallaktischen Montierung mit motorischer Nachführung, die die Aufnahmeoptik während der Aufnahme dem scheinbaren Lauf der Sonne nachführt. Zu beachten ist, dass die Vergütung/Beschichtung der verwendeten Optik auch das Licht der Kalzium-Linie möglichst ungehindert passieren lässt.
- Ein (möglichst enger) Kalzium-Filter. Ein solcher Filter wird meist an ein schon vorhandenes Teleskop adaptiert, alternativ gibt es auch Teleskope, die schon zusammen mit einem passenden Kalzium-Filter geliefert werden.
- Für die Bildaufnahme wird eine CMOS- oder CCD-Kamera benötigt, die im Bereich der Kalzium-Linie(n) ausreichend empfindlich sein sollte und eine schnelle Bildfolge ermöglicht. Farbkameras – auch Spiegelreflexkameras und spiegellose Systemkameras – scheiden für diese Form der Sonnenfotografie aus, da die hier verwendeten Aufnahmechips im Bereich des Kalzium-Lichtes nicht ausreichend empfindlich sind.

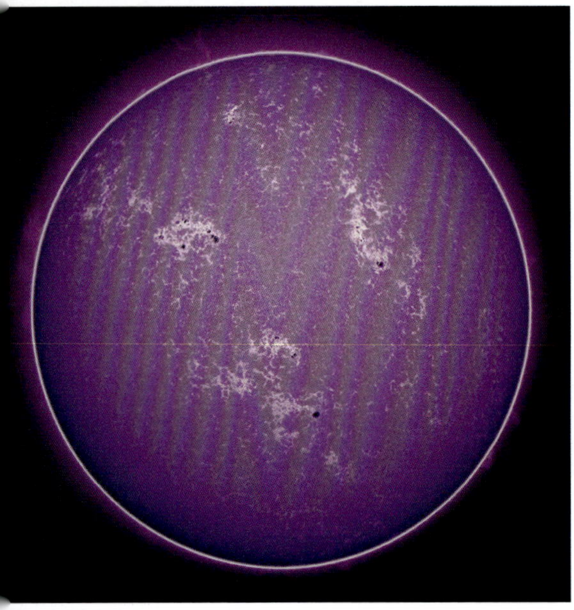

Sonnenscheibe im Kalzium-Licht des Baader K-Linien-Filters an einem Refraktor mit Brennweite 600mm, Öffnung 60mm; ungekühlte CCD-Kamera; 500 von 2500 Einzelaufnahmen in AviStack2 und Photoshop bearbeitet.

Kalzium-Filter und Kalzium-Teleskope

So wie die Ansicht der Sonne im schmalen Band des Hα-Lichtes sich deutlich von der Ansicht im Weißlicht unterscheidet, so sehr unterscheidet sich auch die Ansicht der Sonne im Kalzium-Licht von der Ansicht im Hα- und im Weißlicht. Eine Schwierigkeit der visuellen Beobachtung der Sonne in einer der beiden Kalzium-Linien liegt darin, dass das menschliche Auge mit zunehmendem Alter in diesem Bereich weniger empfindlich wird und so viele (ältere) Menschen Details visuell nicht so gut wahrnehmen können. Die Schwarzweiß-Chips von digitalen Kameras sind in diesem Bereich jedoch in der Regel ausreichend empfindlich, so dass eine fotografische Dokumentation der Sonnenansicht im Kalzium-Licht gut möglich ist.

Die Fotografie der Sonne in der Kalzium-Linie erlebte vor einigen Jahren einen deutlichen – aber vorübergehenden – Aufschwung. Dies war auch darauf zurückzuführen, dass die Firmen Coronado, Lunt und Daystar Filters entsprechendes Zubehör zur Sonnenbeobachtung im Kalzium-Licht entwickelt und angeboten hatten. Während Coronado seine Produkte in diesem Bereich (vom PST-CaK bis hin zum 70mm-CaK-Teleskop) zwischenzeitlich komplett wieder eingestellt hat, bietet Lunt noch verschiedene CaK-Filter zur Adaption an vorhandene Teleskope. Die einzelnen Filter haben jeweils einen Durchlass von rund 2,4Å, sie unterscheiden sich lediglich in der Größe und eignen sich damit für unterschiedliche Teleskopbrennweiten und unterschiedliche Größen des angeschlossenen Aufnahmechips. Auch Daystar Filters hat weiterhin

Das Personal CaK.Solar Telescope

Angespornt durch den großen Erfolg des Personal Solar Telescope (PST) für die Hα-Beobachtung und -Fotografie brachte Coronado vor einiger Zeit auch ein PST für die Nutzung der Kalzium-Linie heraus. Leider wurde dieses »PST-CaK« nur kurze Zeit gebaut, vermutlich, da es aus den beschriebenen Gründen nicht sinnvoll visuell einsetzbar war, sondern sein Haupteinsatzbereich in der Fotografie der CaK-Linie lag. Dennoch lohnt es sich in einschlägigen Foren die Augen aufzuhalten, da immer mal wieder ein gebrauchtes PST CaK zum Verkauf angeboten wird.

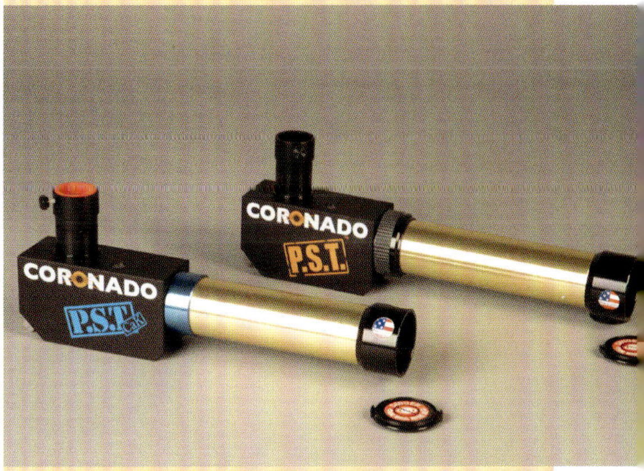

Das derzeit nur noch gebraucht erhältliche Kalzium-Teleskop »PST-CaK« von Coronado im Vordergrund mit dem klassischen PST zur Hα-Beobachtung und -Fotografie im Hintergrund.

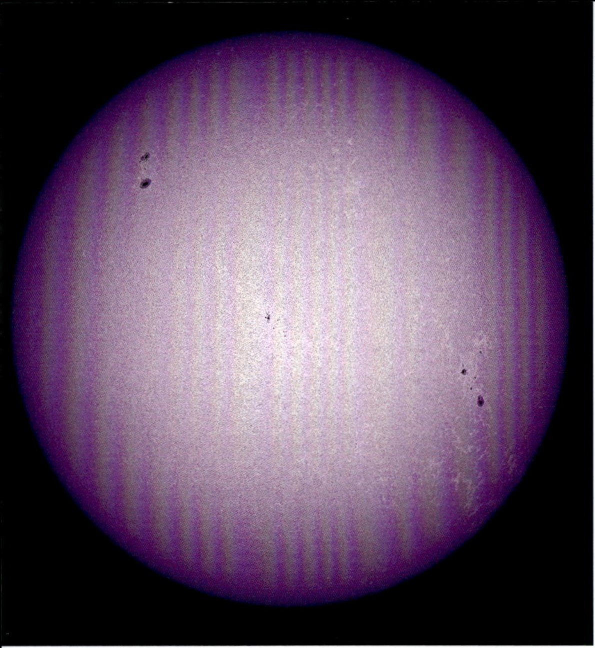

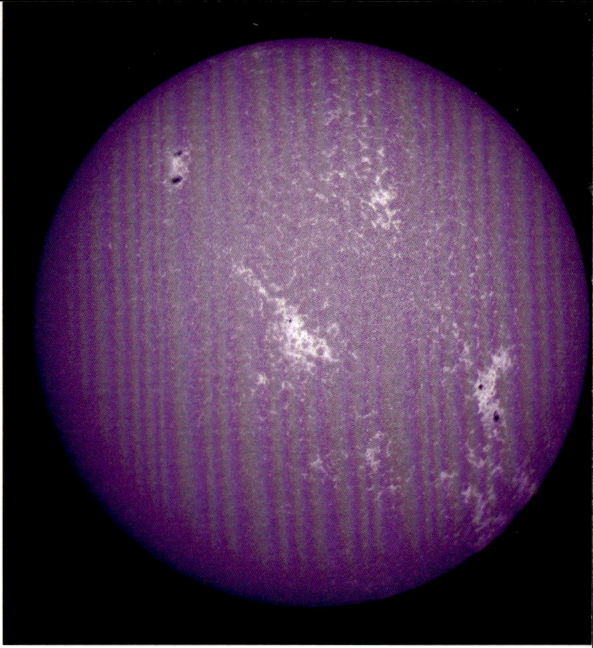

Vergleich der Sonnenscheibe im Kalzium-Licht: Baader K-Linien-Filter (links) und Lunt CaK-Modul (rechts).

unterschiedliche Kalzium-Filter im Angebot; sowohl einen preiswerten CaH-Quark-Filter als auch hochpreisigere Modelle.

Einen deutlich preiswerteren Einstieg in die Fotografie der Sonne im Kalzium-Licht bietet die Verwendung eines Kalzium-Okular-Filters in Verbindung mit einem Weißlichtfilter: Hierzu kann ein bestehendes Teleskop zunächst mit einem Folien- oder Glasfilter für die Weißlichtfotografie versehen werden, um die Strahlungsenergie der Sonne über das gesamte Spektrum hinweg zu reduzieren. Anschließend kann in das Gewinde der verwendeten Kamera ein Filter eingeschraubt werden, der aus dem gedämpften Gesamtspektrum das Licht um die Kalziumlinie herausfiltert und nur dieses zur Kamera passieren lässt. Sehr gut geeignet sind die »K-Linien-Filter« bzw. »Kalzium GenII-Filter« von Baader Planetarium, die um die Kalziumlinien einen Durchlass von 8nm (K-Linien-Filter) bzw. 5nm (Kalzium GenII-Filter) haben und damit auch Weißlicht neben den Linien herum zeigen – dies führt im Vergleich zu den schmalbandigeren Kalziumfiltern, die ca. 0,5nm bis 0,25nm Durchlass haben, zu einer im Vergleich weniger kontrastreichen Abbildung.

Eignen sich alle Teleskope für die Kalzium-Fotografie?

Leider ist nicht bei allen preiswerten Teleskopen sichergestellt, dass die auf den Objektivlinsen verwendete Vergütung auch das Licht der Kalzium-Linie ausreichend passieren lässt, da teilweise eine blockierende Vergütung verwendet wird. Die Verwendung einer solchen preiswerten Vergütung stört ggf. bei der Sonnenfotografie im Kalzium-Licht.

✓ Tipp des Autors

Ich greife für die Fotografie der Sonne auf ein CaK-Modul von Lunt mit 2"-Anschluss zurück, da ich dieses an verschiedenen Teleskopen verwenden kann. Im Laufe der vergangenen Jahre habe ich so stets das gleiche CaK-Modul verwenden können, obwohl die Teleskope wechselten. Auch ein Umstecken des Moduls zwischen einem Refraktor mit kurzer Brennweite für Übersichtsaufnahmen der Sonne (ich verwende hierfür einen Refraktor mit 570mm Brennweite bei 76mm Öffnung) und einem parallel montierten längerbrennweitigen und größeren Refraktor für Detailaufnahmen (ich setze hierfür einen Refraktor mit 130mm Öffnung bei 2250mm Brennweite ein) ist mit wenigen Handgriffen möglich.

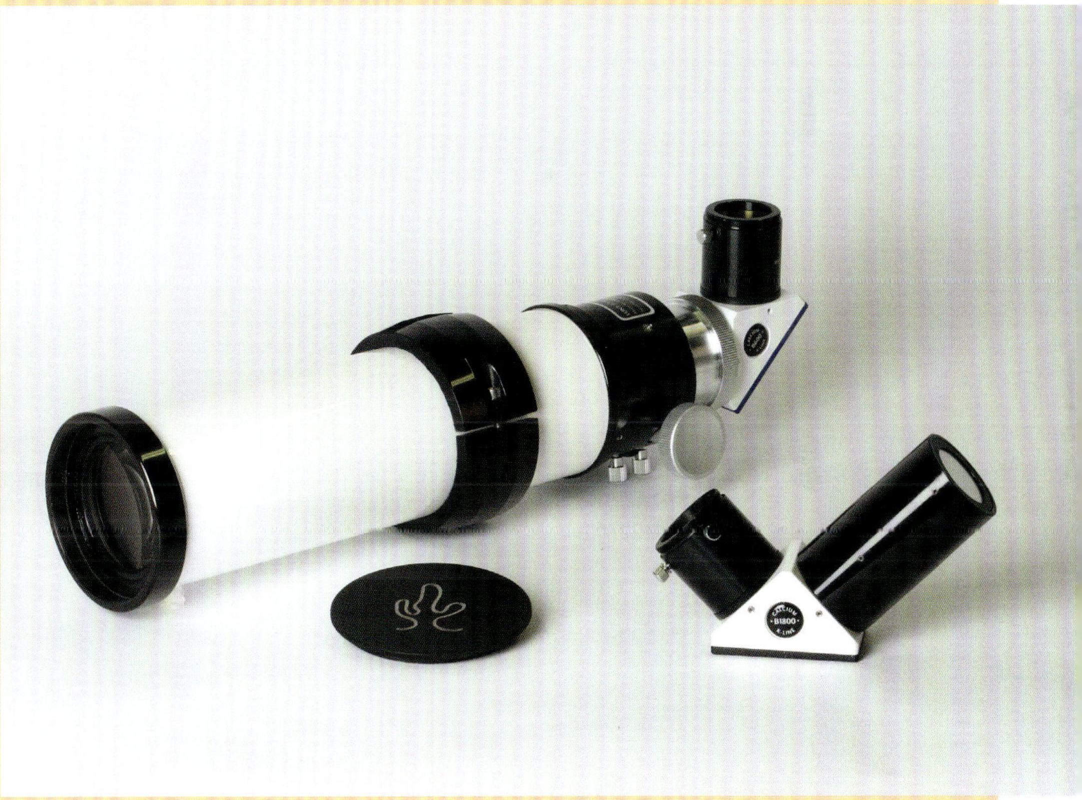

Refraktor mit Lunt-Kalzium-Modulen zur Sonnenbeobachtung. Die abgebildeten beiden Module B600 und B1800 unterscheiden sich im freien Durchlass und eignen sich daher für unterschiedliche Brennweiten.

Steigerung der Bildqualität

Zur Steigerung der Qualität von Kalziumlicht-Aufnahmen gibt es zwei Möglichkeiten: Auch bei der Fotografie der Sonne im Kalzium-Licht bietet sich die Verwendung eines Teleskops mit einer größeren Öffnung an, um mehr Licht für kurze Belichtungszeiten und gleichzeitig auch die höhere Auflösung des Teleskops zu nutzen, um detailliertere Aufnahmen der Sonnenphänomene zu erhalten. Auch die Reduzierung des Filterdurchlasses bietet sich bei der Kalziumfotografie an, um den Detailreichtum der Abbildungen zu erhöhen. Während die für den Einstieg in die Kalzium-Fotografie gut geeigneten »K-Linien-Filter« oder das »Kalzium GenII-Filter« von Baader eine Bandbreite von 8nm bzw. 5nm besitzen, weisen die CaK-Teleskope und CaK-Module von Lunt eine Bandbreite von nur 0,24nm auf. Die fertig zu erwerbenden CaK-Teleskope haben 60mm Öffnung und 500mm Brennweite, für die Verwendung an schon vorhandenen Teleskopen bieten sich

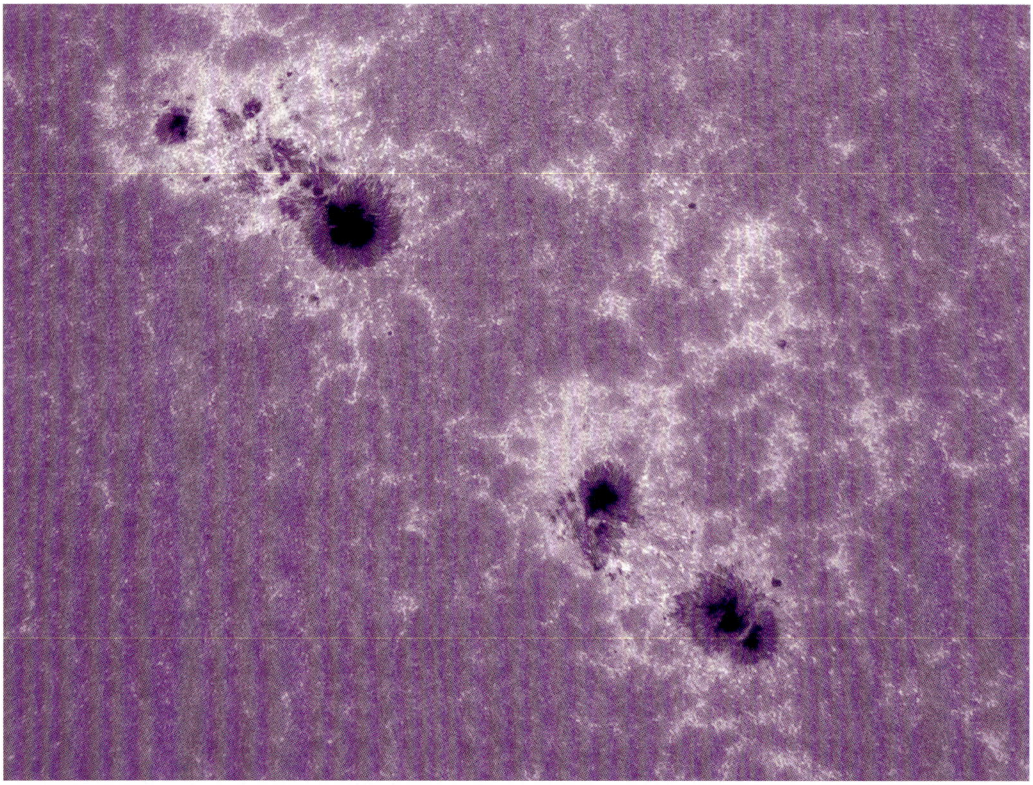

Sonnenflecken im Kalzium-Licht; Lunt CaK-Modul (B600) am Refraktor Brennweite 2000mm, Öffnung: 130mm; ungekühlte CCD-Kamera; 500 von 2500 Einzelbildern in AviStack2 und Photoshop bearbeitet.

die die Lunt-Kalzium-Filtermodule an, die wahlweise mit und ohne Zenitspiegel verfügbar sind. Sie können am 2"-Anschluss des Teleskops verwendet werden, kameraseitig weisen sie einen 1¼"-Anschluss auf. Bei der Auswahl des zur verwendeten Teleskop-Kamera-Kombination passenden Kalzium-Moduls ist zu beachten, dass die in den verschiedenen Modulen verbauten Kalzium-Filter unterschiedliche Öffnungen haben und zur verwendeten Brennweite gewählt werden sollten.

Daystar Filters bietet aus der Quark-Serie einen CaH-Filter an, der Licht der Wellenlänge 396,85nm für die Fotografie nutzbar macht. Bauartbedingt setzt das Quark-Modul einen Refraktor mit einer Lichtstärke von f/7 bis f/30 voraus und auch dieser Quark-Filter enthält ein Filterelement, das für die Nutzung temperiert werden muss und daher einen Stromanschluss am Beobachtungsort voraussetzt.

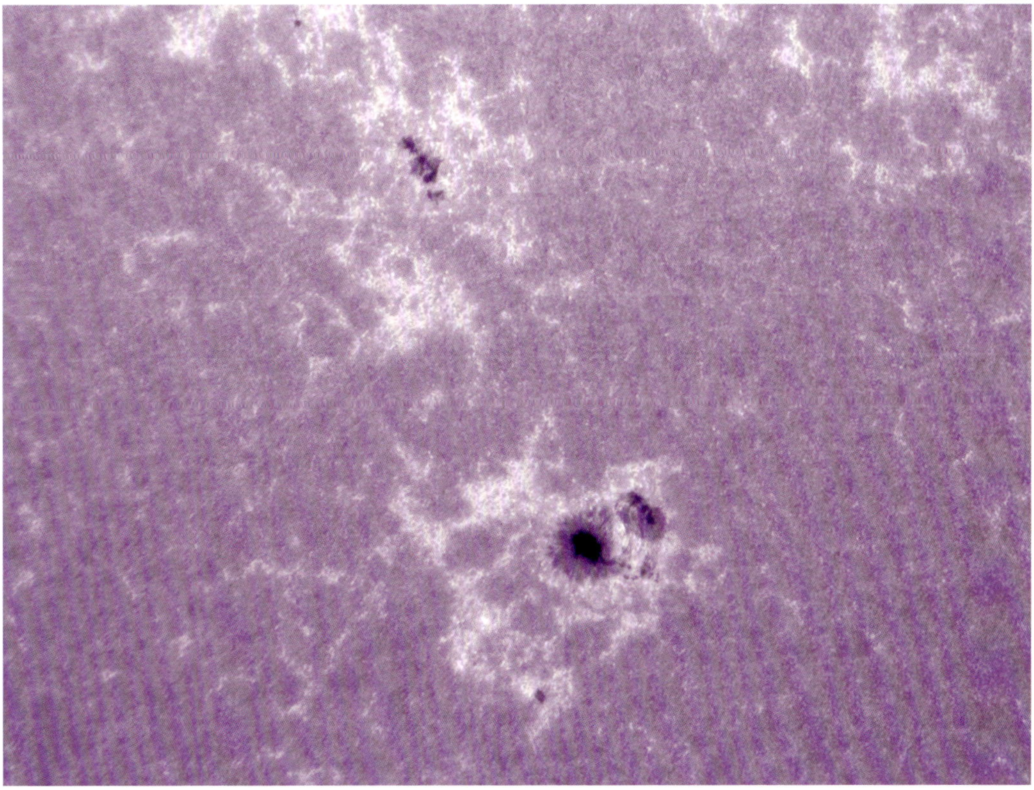

Sonnenflecken im Kalzium-Licht; Lunt CaK-Modul (B600) am Refraktor Brennweite 2000mm, Öffnung: 130mm; ungekühlte CCD-Kamera; 500 von 2500 Einzelbildern in AviStack2 und Photoshop bearbeitet.

Weitere Wellenlängen

Die Beobachtung und Fotografie der Sonnenphänomene im Weißlicht, im Hα-Licht und in einer der beiden Kalzium-Linien dominieren die Sonnenfotografie, dennoch gibt es drei weitere Wellenlängen, die für die Sonnenfotografie spannend – und teilweise mit überschaubarem finanziellen Aufwand erreichbar – sind: Die Beobachtung und Fotografie der Sonnenphänomene im Licht des Magnesiums, des Natriums und des Heliums (bei 587nm). Im Gegensatz zu Magnesium- und Natrium-Filtern sind Helium-Filter deutlich teurer und daher nur für Spezialisten interessant.

Magnesium-Licht

Bei der Fotografie der Sonne im Magnesium-Licht wird das Licht gefiltert, das von ionisiertem Magnesium in der Sonnenatmosphäre emittiert wird. Die Wellenlänge, die hier genutzt wird, liegt im grünen Bereich des elektromagnetischen Spektrums bei etwa 517,2nm.

Die Sonnenfotografie in der Magnesium-Wellenlänge fokussiert sich oft auf aktive Sonnenregionen wie Sonnenflecken, Protuberanzen und Flares. Diese Phänomene werden in der charakteristischen Magnesiumlinie beson-

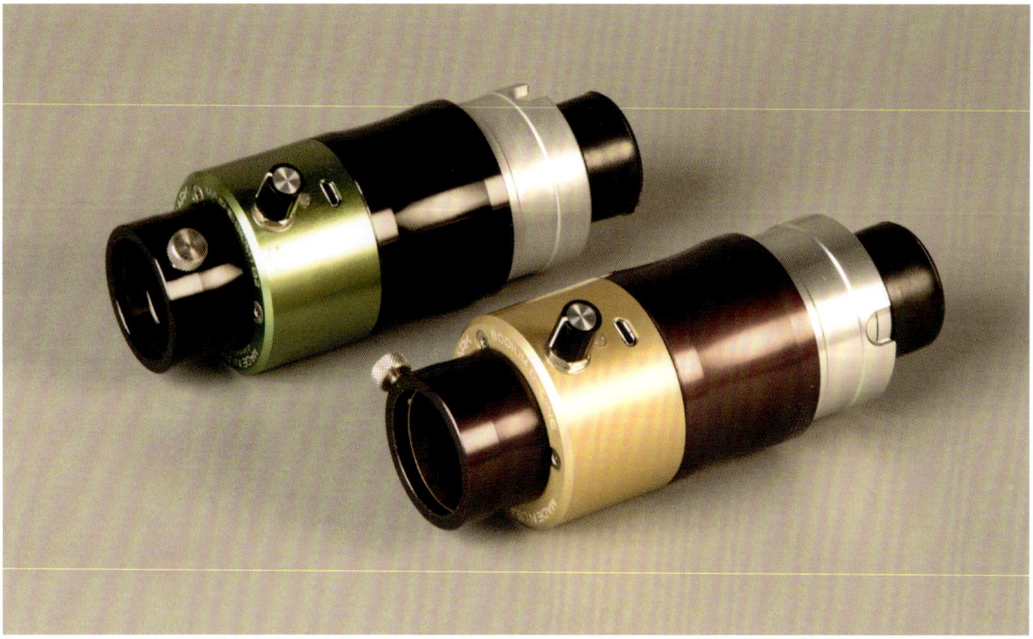

Die beiden Quark-Module zur Beobachtung der Sonne im Magnesium-Licht (im Hintergrund am grünen Ring zu erkennen) und in der Wellenlänge des Natriums (im Vordergrund mit dem gelben Gehäusering).

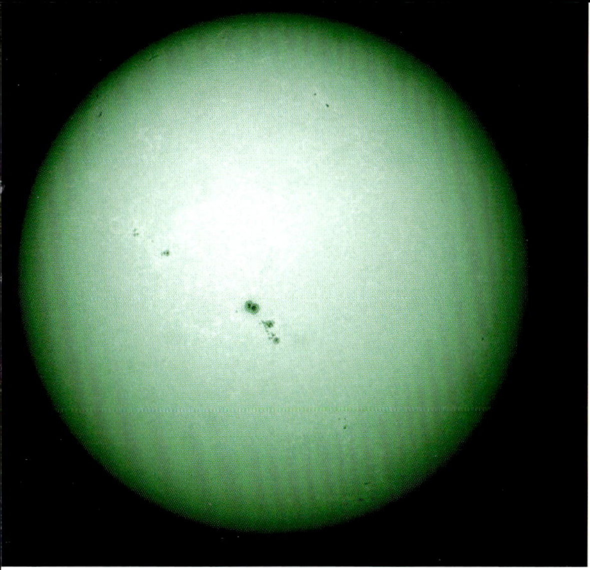

Aufnahme der Sonnenscheibe im Magnesium-Licht (B2-Linie); Daystar Quark Magnesium-Filter an einem Canon-Objektiv (Brennweite 135mm, Öffnung: 67mm); Kamera: PointGrey Grasshopper3-U3-28S5M; Bildverarbeitung: 500 von 2500 Einzelbildern in Avistack und Photoshop bearbeitet.

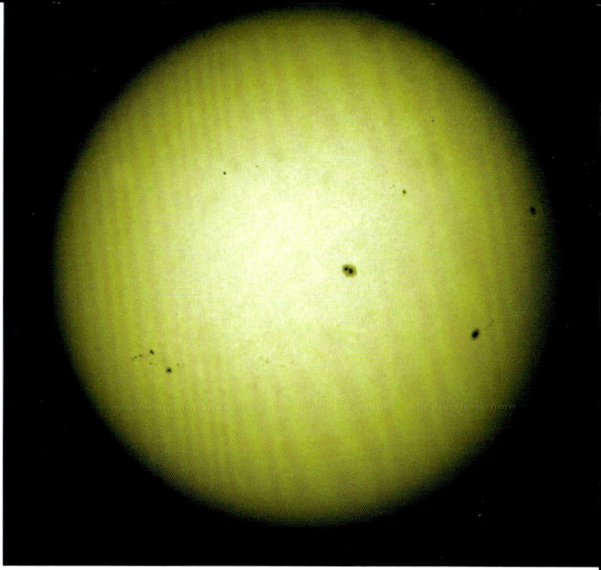

Aufnahme der Sonnenscheibe im Natrium-Licht (B2-Linie); Daystar Quark Natrium-Filter an einem Canon-Objektiv (Brennweite 135mm, Öffnung: 67mm); Kamera: PointGrey Grasshopper3-U3-28S5M; Bildverarbeitung: 500 von 2500 Einzelbildern in Avistack und Photoshop bearbeitet.

ders gut sichtbar. Spannend ist daher der Vergleich der Aufnahmen im Magnesium-Licht mit Aufnahmen anderer Wellenlängen, wie beispielsweise Weißlicht-, Hα- oder Kalzium-Aufnahmen, da sehr schön die unterschiedliche Erscheinungen der genannten Sonnenphänomene in den verschiedenen Wellenlängenbereichen zu sehen ist.

Neben einigen hochpreisigen Filtern bietet Daystar Filters unter dem Namen »Magnesium I b2-line« auch ein Quark-Modul für den preiswerteren Einstieg in die Sonnenbeobachtung und -fotografie in der Magnesium-Linie an. Dieses Modul, das einen 4nm-Durchlass hat, kann mit vorhandenen Refraktoren kombiniert werden, wenn diese über ein Öffnungsverhältnis von f/4 bis f/8 verfügen.

Natrium-Licht

Im Gegensatz zur Fotografie der Sonne in der Magnesium-Linie bezieht sich die Fotografie der Sonne in der Natrium-Linie auf die Darstellung von Licht, das von ionisiertem Natrium in der Sonnenatmosphäre stammt. Die charakteristische Doppellinie von Natrium liegt im gelben Bereich des Spektrums bei 589 Nanometern.

Ebenfalls von Daystar Filters gibt es auch ein Quark-Modul für die Beobachtung und Fotografie der Sonne im Natrium-Licht. Der »Sodium D-line« genannte Filter ist für Refraktoren mit Öffnungsverhältnissen von f/4 bis f/8 entwickelt und hat eine Bandbreite von 5nm. Dieser breite Durchlass über die Natri-

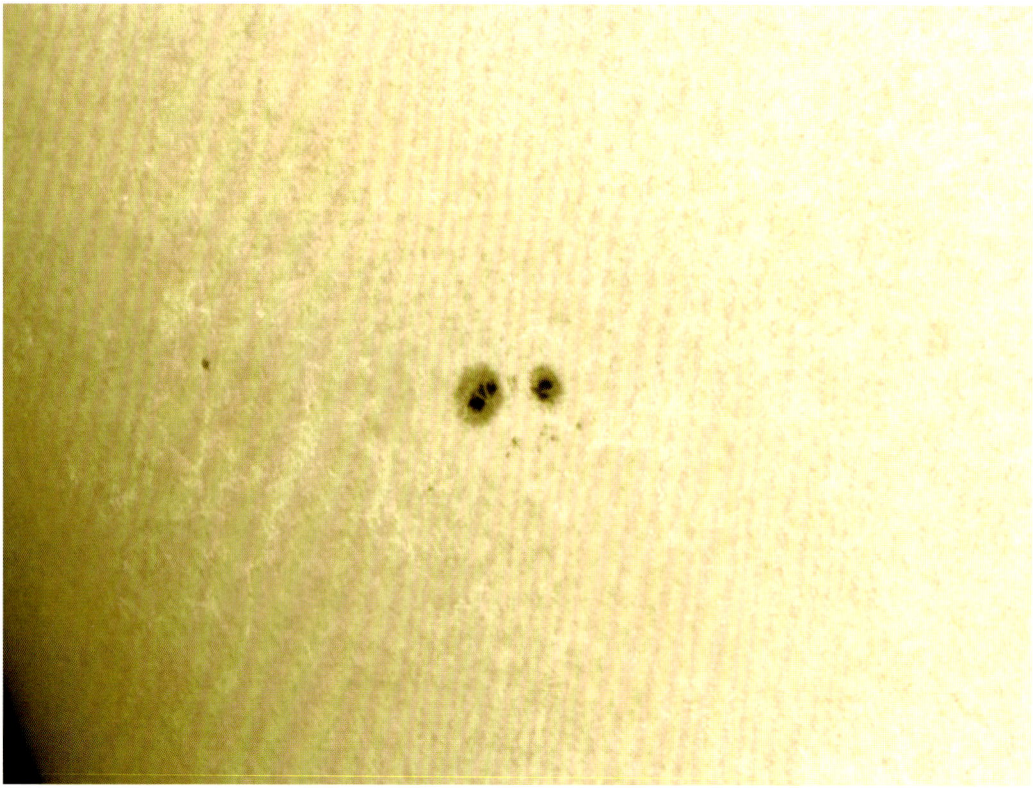

Aufnahme eines Sonnenflecks im Natrium-Licht (B2-Linie); Daystar Quark Natrium-Filter (D-Linie) am am Takahashi FC-76DS (Brennweite 2450mm, Öffnung: 76mm, Bandbreite 0,5nm bei 589nm); Kamera: PointGrey Grasshopper3-U3-28S5M; Bildverarbeitung: 500 von 2500 Einzelbildern in Avistack und Photoshop bearbeitet.

umlinien hinaus resultiert darin dass in den Aufnahmen auch Teile des Weißlichts neben der Natriumlinie abgebildet werden; die Natriumaufnahmen ähneln daher auf den ersten Blick Weißlichtaufnahmen.

✓ Tipp des Autors

Ich finde die Aufnahmen der Sonne im Magnesium- und Natrium-Licht nicht so spektakulär wie die Aufnahmen der Sonne im Hα- und im Kalzium-Licht, da sie die Phänomene auf der Sonne nicht so eindrucksvoll und kontrastreich zeigen. Aber in Ergänzung zu den Hα- und CaK-Aufnahmen erscheinen mir die Aufnahmen in diesen weiteren Linien dennoch interessant. Wenn das Aufnahmeequipment erst einmal aufgebaut ist, dann sind zusätzliche Aufnahmen in weiteren Linien auch kein großer zusätzlicher Zeitaufwand. Für den Einstieg empfehle ich auf jeden Fall Hα- und CaK-Filter, wenn man nach der Fotografie der Sonne im Weißlicht tiefer in die Sonnenfotografie einsteigen möchte.

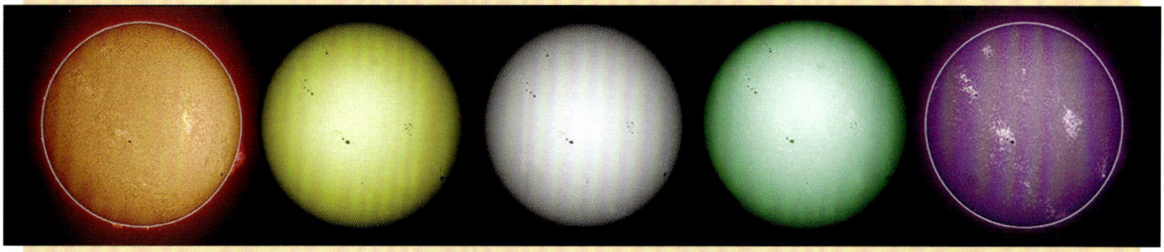

Zahlreiche Fleckengebiete zeigen sich auf den Aufnahmen der Sonnenscheibe im Hα-Licht (656nm), im Natrium-Licht (589nm), im Weißlicht (540nm), im Magnesium-Licht (517nm) sowie im Kalzium-Licht (393nm). Die Aufnahmen der Sonnenscheibe im Hα-Licht entstanden mit einem Coronado SolarMax 90 an einem Takahashi FC-76DS (Brennweite 570mm, Öffnung 76mm); für die Aufnahme im Weißlicht kam ein Astro Solar Safety Film Photo (ND=3,8) mit Baader Solar-Continuum-Filter und für die Aufnahmen im Kalzium-Licht (K-Linie) ein Lunt CaK-Modul an der gleichen Optik zum Einsatz. Die Aufnahmen im Magnesium- bzw. im Natrium-Licht entstanden mit einem Daystar Quark Magnesium-Filter bzw. einem Daystar Quark Natrium-Filter an einem Canon-Objektiv (Brennweite 135mm, Öffnung 67mm). Mit einer Kamera vom Typ PointGrey Grasshopper3-U3-28S5M und wurden jeweils 2500 Bilder aufgezeichnet, von denen dann je 500 für das jeweilige Summenbild verwendet wurden.

KAPITEL 5

Motive der Sonnenfotografie

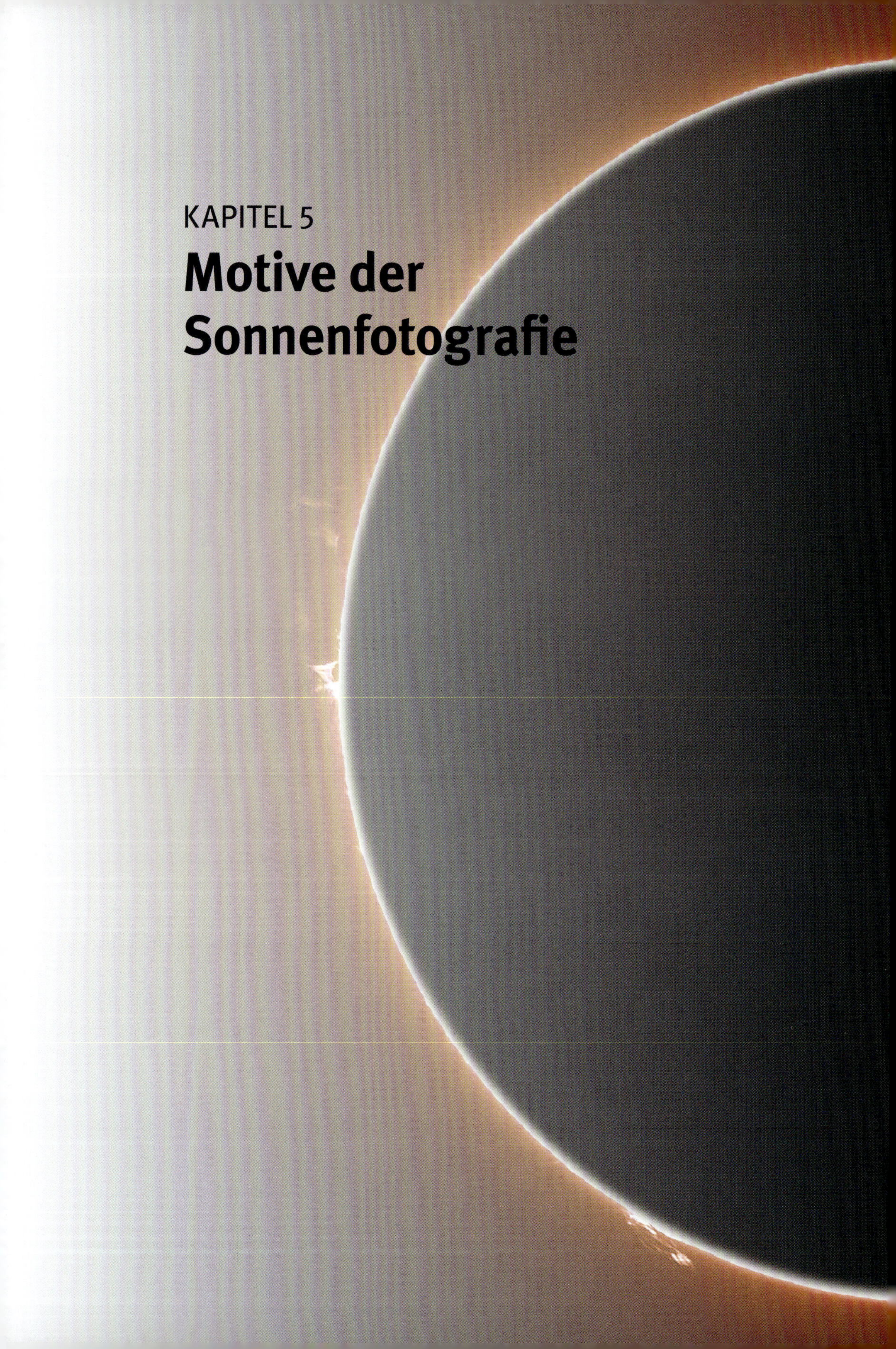

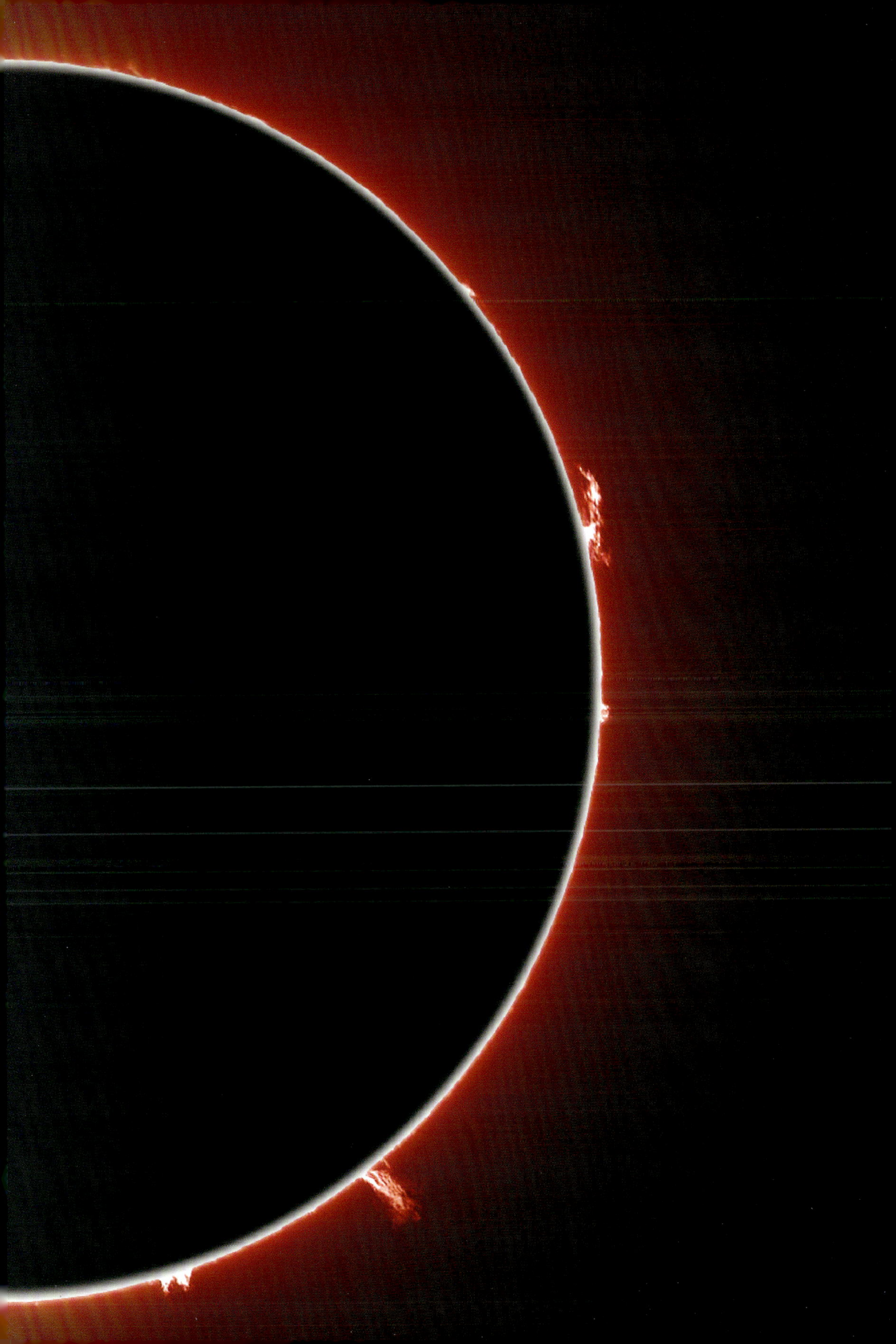

In den unterschiedlichen Wellenlängen der Sonnenfotografie zeigen sich verschiedene Phänomene auf der Sonne, da die verschiedenen Wellenlängen unterschiedliche Schichten der Sonne betrachten. Aber auch physikalisch gleiche Objekte wie beispielsweise Sonnenflecken zeigen ganz unterschiedliche Ansichten in den verschiedenen Spektrallinien, so dass es sich meist lohnt nicht nur in einer Wellenlänge zu fotografieren, sondern in mehreren unterschiedlichen Spektralbereichen. Die aktiven Gebiete der Sonne bestehen meist aus unterschiedlichen Phänomenen, die gemeinsam auftreten; beispielsweise Sonnenflecken mit Fackeln oder Flares, so dass es sich stets lohnt im Bereich aktiver Gebiete nach den unterschiedlichen Phänomenen Ausschau zu halten.

Einige Phänomene sind dabei quasi immer zu beobachten, da sie der »ruhigen Sonne« zugeordnet werden können, andere Phänomene zeigen sich nur zu den Zeiten der »aktiven Sonne«.

Phänomene der ruhigen und aktiven Sonne

Phänomene der ruhigen Sonne	Phänomene der aktiven Sonne
Granulation	Sonnenflecken
Supergranulen	Fackeln
Spikulen	Protuberanzen
	Filamente
	Plages
	Flares
	Ellermann-Bomben

Motive im Weißlicht

Sonnenflecken

Sonnenflecken sind die für Einsteiger am einfachsten zu fotografierenden Objekte. Sie stellen kältere Stellen der Photosphäre dar, deren Temperatur um etwa 1000°C unterhalb der Umgebungstemperatur liegt, so dass diese Stellen als dunkle Flecken erscheinen; sie treten meist in Gruppen auf. Die Form, Größe und Gestalt der einzelnen Sonnenflecken kann sich kontinuierlich und individuell verändern (das macht ihre tägliche Beobachtung und Fotografie so reizvoll), während die Anzahl der auftretenden Sonnenflecken einem 11-jährigen Zyklus unterworfen ist: Wie die seit Jahrhunderten betriebene Beobachtung der Sonnenflecken zeigt, wechseln sich Zeiten zahlreicher Sonnenflecken sehr regelmäßig mit Zeiten geringer Sonnenfleckenhäufigkeit ab. Aber nicht nur die Häufigkeit der Sonnenflecken ist einer Regelmäßigkeit unterworfen, auch die Position der auftretenden Sonnenflecken ist nicht zufällig, wie das sogenannte Schmetterlingsdiagramm belegt: Zu Beginn eines neuen Fleckenzyklus treten die Flecken zunächst im Bereich der Pole auf, während am Ende eines Zyklus, d. h. in einer Phase geringer Aktivität, die Flecken oder Fleckengruppen eher in der Nähe des Äquators liegen. Der Sonnenzyklus hat jedoch nicht nur Auswirkungen auf die Position der Auftretenden Sonnenflecken, sondern auch auf deren Größe und Komplexität.

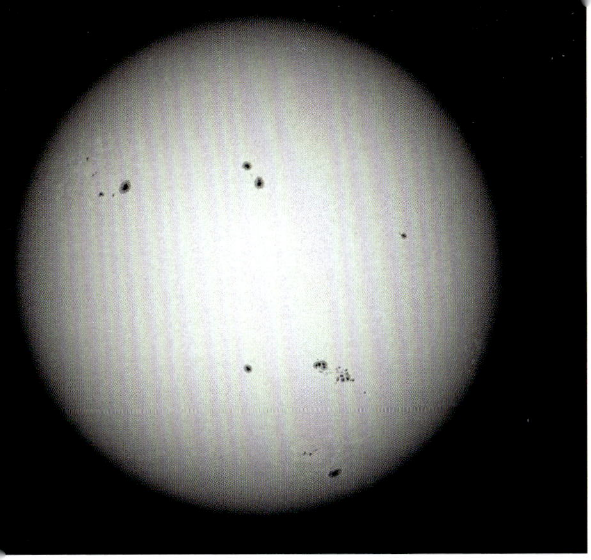

Sonnenscheibe im Weißlicht; Astro Solar Safety Film Photo (ND=3,8) mit Baader Solar-Continuum-Filter (mit der Bandbreite von 10 Ångström um 540nm) am Takahashi FC-76DS (Brennweite 570mm, Öffnung 76mm); Kamera: PointGrey Grasshopper3-U3-28S5M; Bildverarbeitung: 500 von 2500 Einzelbildern in Avistack und Photoshop bearbeitet.

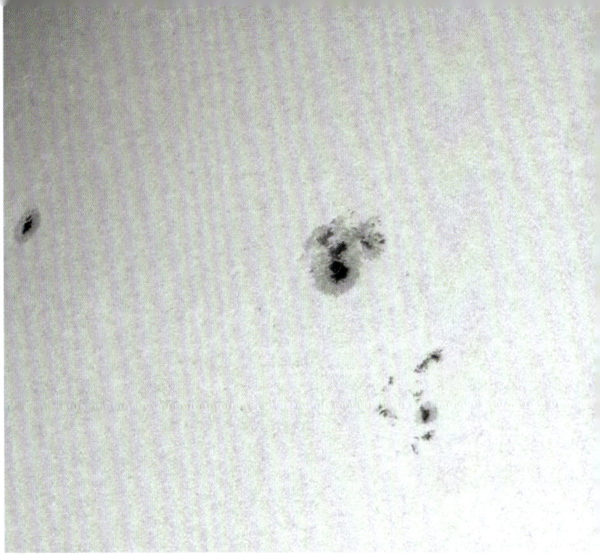

Sonnenflecken in Weißlicht – deutlich zu sehen ist der Unterschied zwischen Umbra und Penumbra. Refraktor mit Herschelprisma bei einer Brennweite von 3250mm, Öffnung 130mm; ungekühlte CCD-Kamera; 500 von 2500 Einzelbildern in Avistack und Photoshop bearbeitet.

Die zentralen Bereiche der Sonnenflecken (»Umbra«) erscheinen meist scharf begrenzt und werden bei größeren Flecken häufig durch einen »Penumbra« genannten helleren Bereich umgeben. Sonnenfleckengruppen haben nicht selten zwei Zentren und werden daher bipolare Gruppen genannt: Der westliche Teil der Gruppe, der in der Rotationsrichtung der Sonne vorangeht, wird als P-Fleck (»preceding«) bezeichnet und der nachfolgende Teil als F-Fleck (»following«). Innerhalb der Umbra einzelner Flecken sind darüber hinaus zeitweise hellere Lichtbrücken zu erkennen.

Sonnenfackeln

Während Sonnenflecken kältere Stellen der Sonnenoberfläche darstellen, sind Sonnenfackeln um etwa 1000°C heißere Stellen der Photosphäre. Diese photosphärischen Fackeln treten in der Regel zusammen mit Sonnenflecken auf und sind daher in deren Umfeld zu finden. Da Fackeln bereits vor den Flecken auftreten können, können sie Hinweise darauf geben, wo mit dem Erscheinen neuer Sonnenflecken zu rechnen ist. Bedingt durch den geringen Helligkeitsunterschied zwischen Fackeln und deren Umgebung ist die Fotografie im Bereich des Sonnenrandes und der dort zu beobachtenden Randverdun-

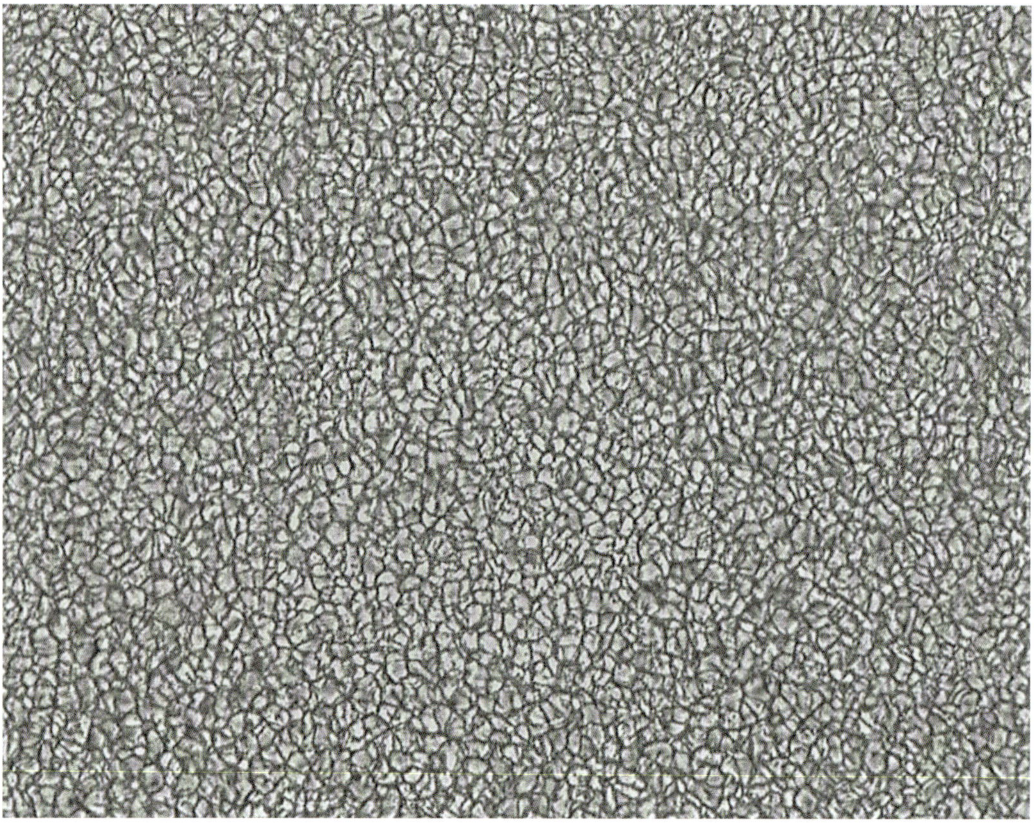

Granulare Struktur der Sonnenoberfläche: C14Edge mit FFC und RG610-Filter bei Brennweite 14.000mm, Öffnung 356mm; ungekühlte CCD-Kamera; 5000 Einzelbilder in Autostakkert und Photoshop bearbeitet. Bildautor: Bernd Flach-Wilken.

kelung einfacher als im Zentrum der Sonnenscheibe. Außerdem erscheinen Fackeln in kurzen Wellenlängenbereichen kontrastreicher, weshalb sie ein Blau- oder Violettfilter besser zeigt. Auch die als »Kalzium«-Okularfilter bezeichneten Filter bilden hauptsächlich photosphärische Fackeln ab.

Granulation

Mit Teleskopen ab einer Öffnung von rund 100mm kann bei gutem Seeing auch die granulare Oberfläche der Sonne fotografiert werden: Bei den einzelnen Granulen handelt es sich um kurzlebige auf- und absteigende Gasblasen mit Durchmessern von rund 1000km. Diese transportieren mit einer Geschwindigkeit von mehreren Kilometern pro Sekunde Energie zur Abstrahlung an die Oberfläche und sinken danach wieder in die Tiefe. Sie haben deshalb nur eine kurze Lebensdauer von wenigen Minuten.

Motive im Hα-Licht

Die im Hα-Licht beobachtete Chromosphäre entwickelt sich deutlich dynamischer als die im Weißlicht beobachtete Photosphäre; es bieten sich daher mehr spannende Phänomene zur Fotografie an.

Protuberanzen

Am auffälligsten sind die Protuberanzen, riesige Auswürfe von Wasserstoffgas, die oft in Verbindung zu Sonnenflecken stehen. Protuberanzen, die nicht vor dem Sonnenrand, sondern vor der Sonnenoberfläche auftreten, heißen Filamente. Protuberanzen schleudern die Teilchen mit Geschwindigkeiten von 1000km pro Sekunde in den Weltraum und erreichen dabei nicht selten Höhen von 100.000km. Das imposante Schauspiel der Veränderung der Form und der Intensität ist bereits innerhalb weniger Sekunden zu sehen und kann über mehrere Stunden hinweg fotografisch dokumentiert werden. Diese eindrucksvollen Gebilde sind schon mit preiswerteren Instrumenten am Rand der Sonnenscheibe zu beobachten.

Filamente

Neben Protuberanzen am Sonnenrand können mit engbandigen Hα-Teleskopen auch dunkle Filamente, d. h. Protuberanzen, die nicht über den Sonnenrand hinaus sichtbar sind, sondern vor die leuchtende Sonnenscheibe projiziert sind, fotografiert werden.

Sonnenflecken

Auch die Strukturen von Sonnenflecken können im Hα-Licht beobachtet werden, wobei sich deren Gliederung in Umbra und Penumbra anders als im Weißlicht darstellt.

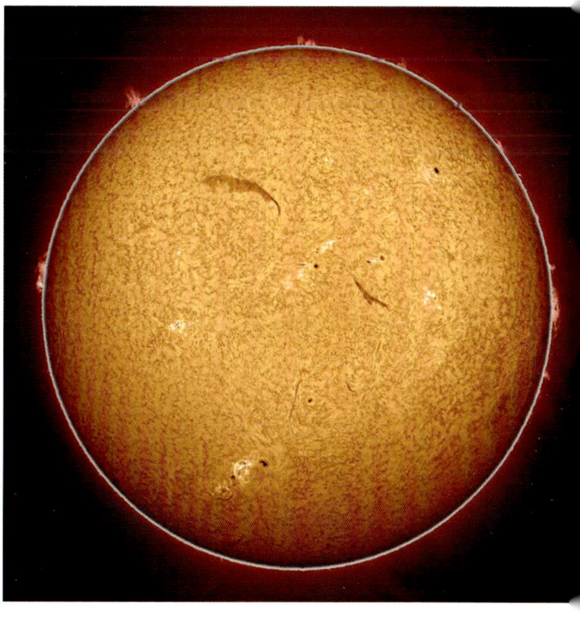

Sonnenscheibe im Hα-Licht; Coronado SolarMax 90 am Takahashi FC-76DS (Brennweite 570mm, Öffnung 76mm); Kamera: PointGrey Grasshopper3-U3-28S5M; Bildverarbeitung: 500 von 2500 Einzelbildern in Avistack und Photoshop bearbeitet.

Eindrucksvolle Sonnenflecken mit Plages: Solar Spectrum-Hα-Filter (mit 5nm Durchlass) von Solar Spectrum und Daystar Quark Chromosphere-Hα-Filter (im Double Stack) am Refraktor bei einer Brennweite von 6400mm, Öffnung 178mm, ungekühlte CCD-Kamera; 3000 Bilder in AutoStakkert und Photoshop bearbeitet. Bildautor: Bernd Flach-Wilken.

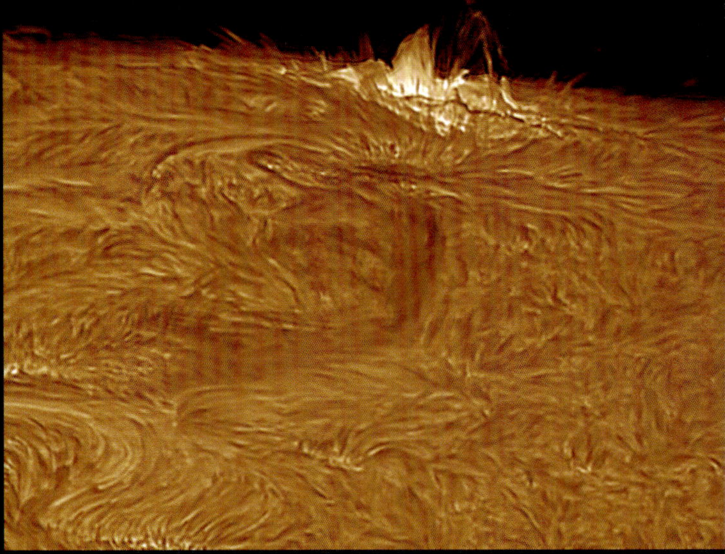

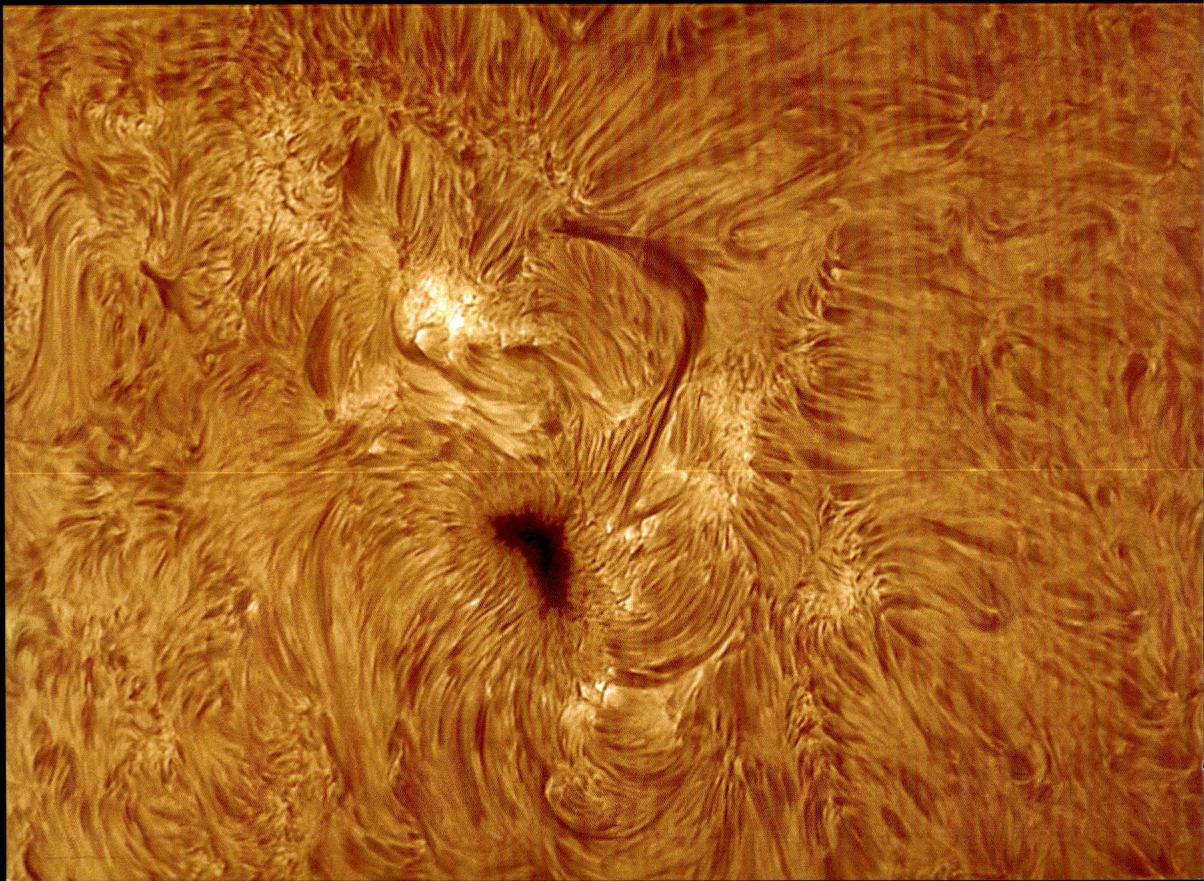

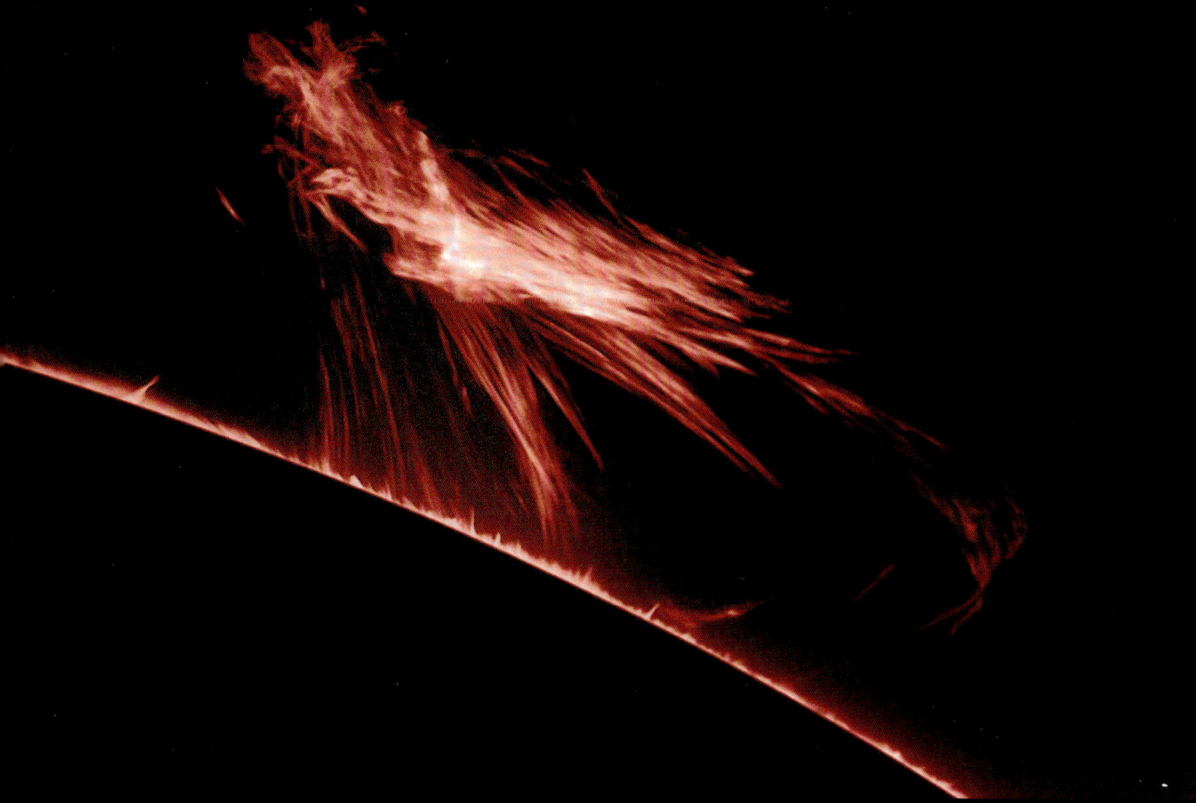

Eindrucksvolle Protuberanzen am Sonnenrand: Solar Spectrum-Hα-Filter (mit 5nm Durchlass) von Solar Spectrum am Refraktor bei einer Brennweite von 6400mm, Öffnung 178mm, ungekühlte CCD-Kamera; 3000 Bilder in AutoStakkert und Photoshop bearbeitet. Bildautor: Bernd Flach-Wilken.

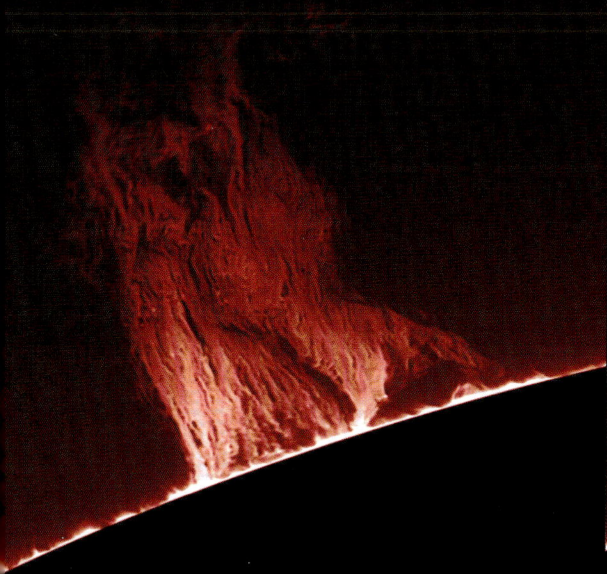

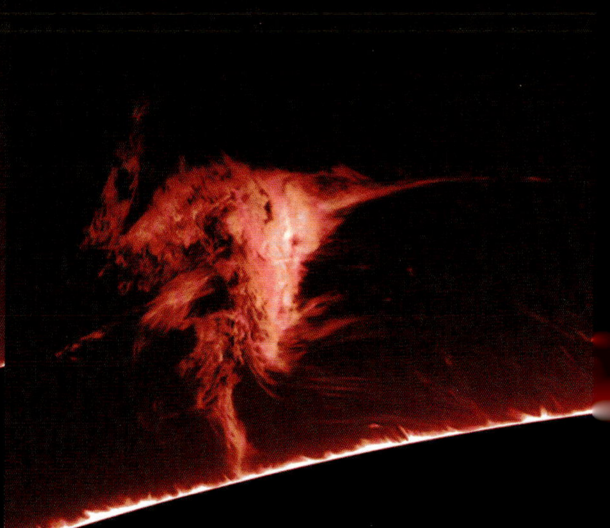

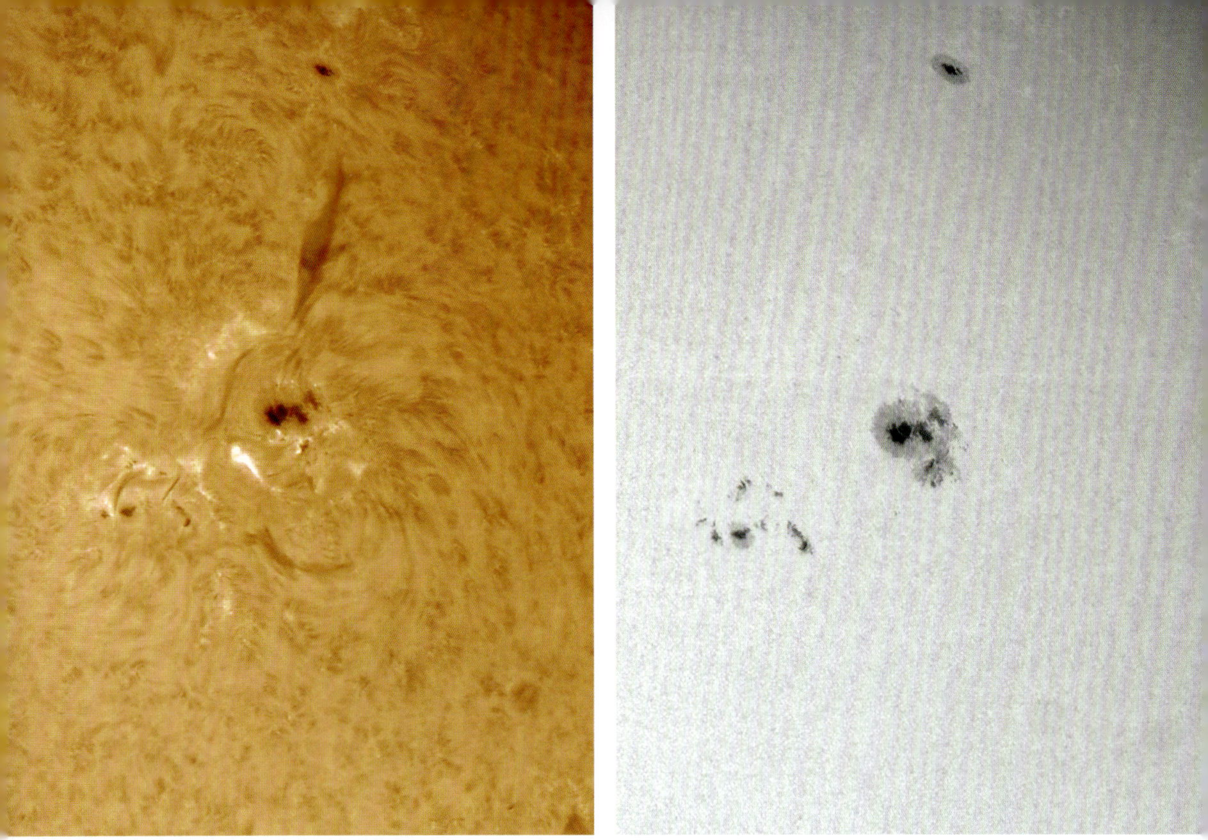

Sonnenflecken im Hα- (links) und Weißlicht (rechts). Coronado SolarMax 90 am Refraktor mit Brennweite 2250mm, Öffnung 90mm, ungekühlte CCD-Kamera; 500 von 2500 Einzelbildern in Avistack und Photoshop bearbeitet (links). Refraktor mit Herschelprisma bei einer Brennweite von 3250mm, Öffnung 130mm; ungekühlte CCD-Kamera; 500 von 2500 Einzelbildern in Avistack und Photoshop bearbeitet.

Spikulen

Spikulen sind ein Phänomen der ruhigen Sonne. Diese Röhren aus aufsteigendem Gas und Plasma präsentieren sich als dunkle Fäden auf der Sonnenoberfläche und erinnern am Sonnenrand an einen flammenartigen Teppich. Sie fallen in der Regel nach einigen Minuten zusammen und verändern daher ihr Aussehen kontinuierlich.

Plages

Zudem erscheinen Plages, auch als Hα-Fackeln bezeichnet, als helle Gebiete um Sonnenflecken. Diese Plages sind oft schon vor den Sonnenflecken sichtbar, verändern sich deutlich weniger als diese und sind oft auch dann noch zu erkennen, wenn die zugehörigen Sonnenflecken bereits wieder verschwunden sind.

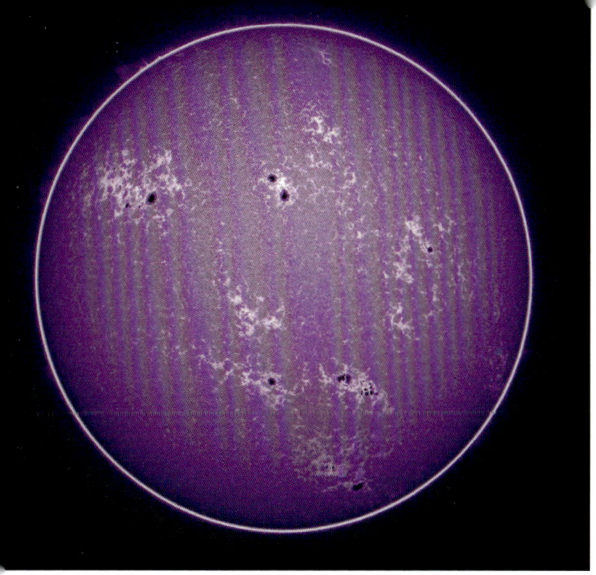

Sonnenscheibe im Kalzium-Licht (K-Linie); Lunt CaK-Modul am Takahashi FC-76DS (Brennweite 570mm, Öffnung 76mm); Kamera: PointGrey Grasshopper3-U3-28S5M; Bildverarbeitung: 500 von 2500 Einzelbildern in Avistack und Photoshop bearbeitet.

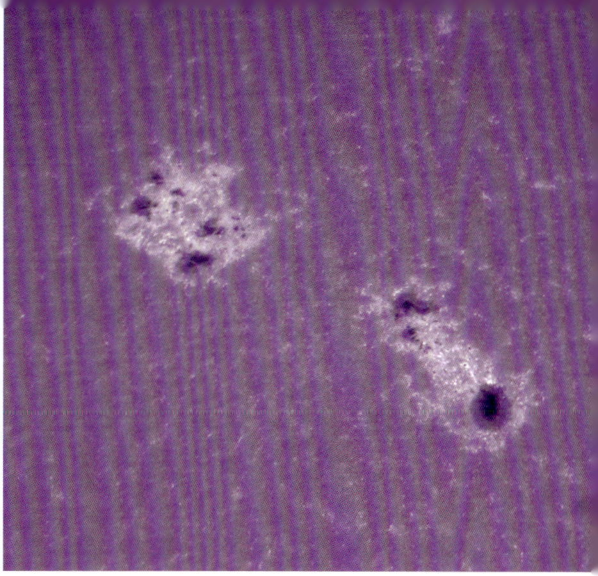

Sonnenflecken im Kalzium-Licht. Lunt CaK-Modul (B600) am Refraktor mit Brennweite 2250mm, Öffnung 130mm, ungekühlte CCD-Kamera; 500 von 2500 Einzelbildern in Avistack und Photoshop bearbeitet.

Flares

Ebenfalls der Beobachtung im Hα-Licht vorbehalten sind hell-weiße Strukturen auf der Sonne, die sich schnell verändern und wirken, als würde die Sonnenoberfläche aufreißen und den Blick in die darunterliegenden Schichten freigeben. Diese nur wenige Minuten aktiven Flares können große Mengen an Energie abstrahlen; die mit ihnen verbundenen koronalen Löcher sind dann für große Polarlicht-Ereignisse auf der Erde verantwortlich.

Motive im Kalzium-Licht

Die Fotografie dieser Wellenlänge offenbart Strukturen, die sich deutlich von der Ansicht im Weißlicht und Hα-Licht unterscheiden.

Sonnenflecken und Fackelnetzwerke

Vor allem Sonnenfackeln und Sonnenflecken können im Licht der Kalzium-Linien sehr kontrastreich fotografiert werden, wobei sich Sonnenflecken strukturloser zeigen als im Weißlicht. Sonnenfackeln präsentieren sich im Gegensatz zu Sonnenflecken nicht als dunklere, sondern als hellere Strukturen um Sonnenflecken herum. Kalziumfackeln zeigen dabei andere Strukturen als die photospärischen Fackeln, sie sehen flächiger und heller aus.

Protuberanzen

Helle Protuberanzen können im Kalzium-Licht ebenfalls beobachtet werden, sie präsentieren sich jedoch im Kalzium-Licht meist nicht so kontrastreich und deutlich wie im Hα-Licht.

Supergranulen

Die im Weißlicht sichtbaren Granulen der Sonnenoberfläche können auch im Kalzium-Licht beobachtet werden, wo bei die Oberfläche in dieser Wellenlänge deutlich anders aussieht. Supergranulen transportieren das heiße Gas aus dem Sonneninneren zur Sonnenoberfläche; dies ist ein dynamischer Prozess, der über mehrere Minuten hinweg auch fotografisch dokumentiert werden kann.

Ellerman-Bomben

Ellerman-Bomben (benannt nach Ferdinand Ellerman, der dieses Phänomen in den 20er Jahren des letzten Jahrhunderts entdeckte) sind sehr helle und kleine, fast punktförmige Strukturen mit einer Größe von wenigen hundert Kilometern und einer Lebensdauer von nur wenigen Minuten. Sie erscheinen fast ausschließlich in bipolaren Sonnenfleckengruppen und dort meist am Außenrand der Penumbren. Energiereiche Ellerman-Bomben können im Kalzium-Licht beobachtet werden.

Weitere Ideen

Die Fotografie der Sonne in den unterschiedlichen Wellenlängen bietet die Basis für eine ganze Reihe von spannenden Beobachtungsprojekten:

- Es können beispielsweise mit relativ kurzen Brennweiten Übersichtsaufnahmen der Sonne im Abstand von jeweils einem Tag gemacht werden, um die Wanderung der Flecken auf der Sonne zu verdeutlichen.
- Es können auch Aufnahmen einzelner Flecken mit langer Brennweite im Abstand von jeweils einem Tag gemacht werden, um die Veränderungen und Entwicklungen einzelner Flecken zu dokumentieren.
- Werden Bilder der Sonne am selben Tag in unterschiedlichen Wellenlängen angefertigt (beispielsweise im Weißlicht und im Hα-Licht), so lassen sich schön die Unterschiede der Sonnenphänomene in den unterschiedlichen Linien erkennen.
- Aufnahmen unterschiedlicher Sonnenflecken sind auch gut dazu geeignet, die verschiedenen Klassen der Sonnenflecken und deren unterschiedliche Auftretenshäufigkeit zu dokumentieren.
- Im Hα-Licht lassen sich im Lauf der Zeit die unterschiedlichen Formen von Protuberanzen dokumentieren und – wenn Aufnahmen einer Protuberanz im Abstand von einigen Minuten angefertigt werden – auch die Entwicklung einzelner Protuberanzen.

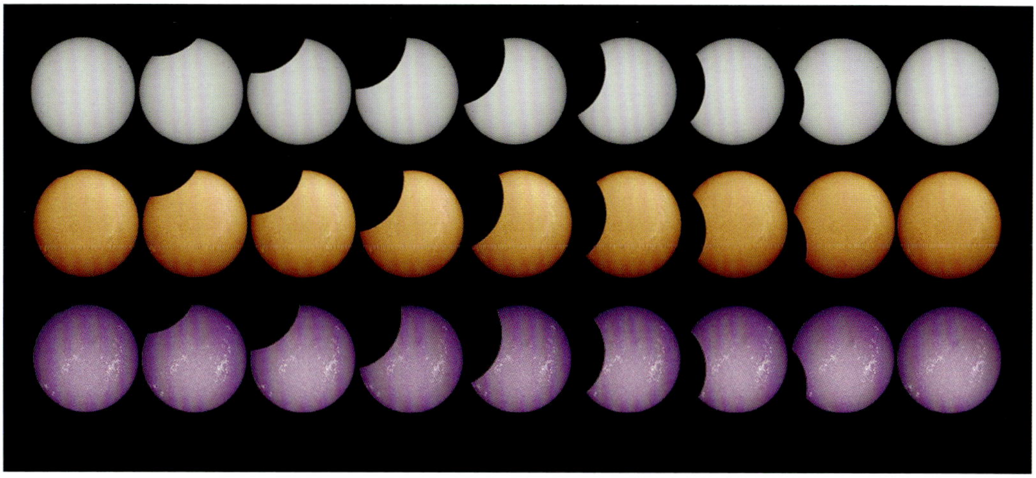

Montage der verschiedenen Phasen der partiellen Finsternis am 22.10.2022 über dem Schwarzwald: Die Aufnahmen im Weißlicht entstanden mit einer DSLR vom Typ Canon 6D MarkII an einem mit Foliensonnenfilter ausgestatteten 100-400mm Objektiv von Canon in Verbindung mit einem 2x-Telekonverter von Canon (77mm Öffnung bei 800mm Brennweite). Die Aufnahmen im Hα-Licht entstanden mit einer PointGrey Grasshopper3-U3-28S5M an einem mit Coronado SolarMax 60 ausgestatteten 2,8-Zoll-Refraktor (76mm Öffnung bei 570mm Brennweite), auch die Aufnahmen im CaK-Licht entstanden mit einer PointGrey Grasshopper3-U3-28S5M an einem mit Lunt CaK-Filter (Bandbreite von 2,4 Ångström bei 393nm) ausgestatteten 2,8-Zoll-Refraktor (76mm Öffnung bei 570mm Brennweite). Summenbild aus je 150 Bildern.

Selten kommt es vor, dass Körper des Sonnensystems vor die Sonne treten und dann als dunkle Silhouette vor ihr sichtbar sind: Der Mond kann zu einer partiellen oder sogar totalen Sonnenfinsternis führen. Die Planeten Merkur und Venus können ebenfalls vor der Sonnenscheibe bei einem sogenannten Transit hindurchziehen, sie sind dabei als kleine runde Scheibchen vor der Sonne zu erkennen. Es kann ausgesprochen spannend, eindrucksvoll und herausfordernd sein, die Fotografie einer Finsternis oder eines solchen Transits zu planen.

Sonnenfinsternisse

Sonnenfinsternisse gehören zu den eindrucksvollsten astronomischen Ereignissen: Schon partielle Finsternisse (bei denen nur ein Teil der Sonne vom Mond verdeckt wird) oder ringförmige Finsternisse (bei denen der Mond zwar komplett vor der Sonnenscheibe vorbeiwandert, diese aber aufgrund der Entfernungen der drei beteiligten Himmelskörper, Sonne, Mond und Erde nicht ganz verdecken kann) verdeutlichen uns anschaulich und eindrucksvoll den Lauf der Himmelskörper. Noch beeindruckender ist eine totale

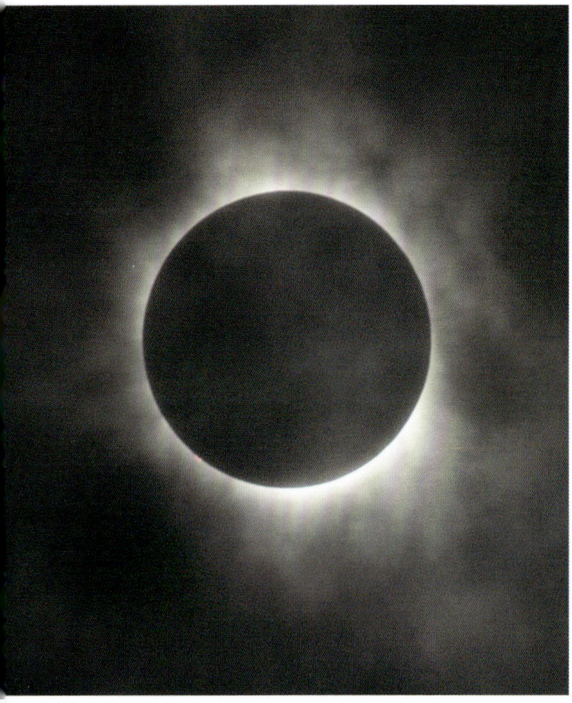

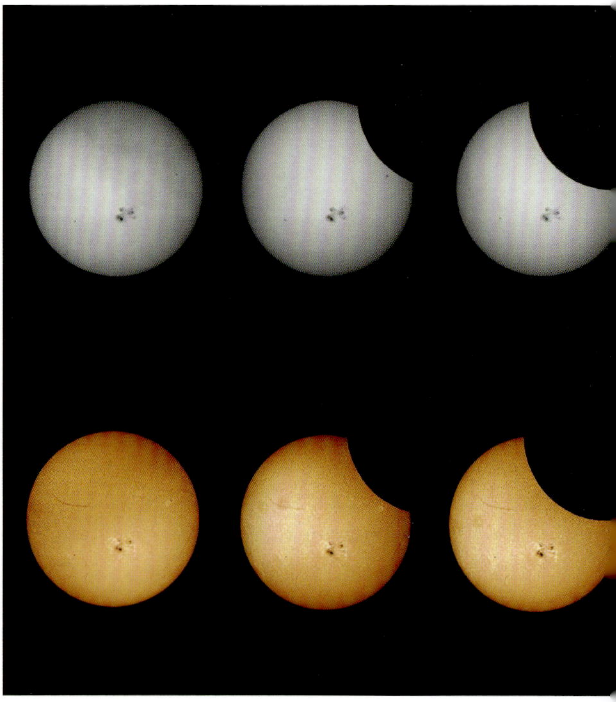

Bild der zentralen Phase der totalen Sonnenfinsternis am 22.7.2009 über Wuhan (China), entstanden mit einer DSLR und einem 500mm-Objektiv.

Sonnenfinsternis, bei der der Mond die Sonne komplett verdeckt und es für kurze Zeit tagsüber so dunkel wird, dass wir die hellsten Sterne am Taghimmel erkennen können.

Wie auch bei der normalen Sonnenfotografie ist für die fotografische Dokumentation einer partiellen oder einer ringförmigen Sonnenfinsternis im Weißlicht ein Sonnenfilter erforderlich (Folienfilter oder Glasfilter). Zudem sollte vor dem Beginn der Verfinsterung die Belichtungszeit ermittelt werden. Diese sollte so kurz gewählt werden, dass es nicht zu einem Überstrahlen oder zu ausgebrannten Bereichen auf der Sonne kommt – bei der Ermittlung der optimalen Belichtungszeit ist die Berücksichtigung des Histogramms sehr hilfreich.

Je nach zeitlichem Umfang der Finsternis ist bei der Wahl der Belichtungszeit zu bedenken, ob die Sonne im Laufe der Finsternis weiter am Himmel aufsteigt oder absteigt. Sollte die Sonne weiter aufsteigen, wird sie vermutlich bei einem höheren Sonnenstand heller erscheinen, so dass ggf. bereits zu Beginn der Finsternis eine kürzere Belichtungszeit gewählt werden kann. Bei einem im Lauf der Finsternis sinkenden Sonnenstand gilt das Gegenteil.

Um den technischen Aufwand möglichst gering zu halten, bietet es sich an, die Sonnenfinsternis mit einer DSLR am Teleskop zu dokumentieren – wenn das Teleskop sich

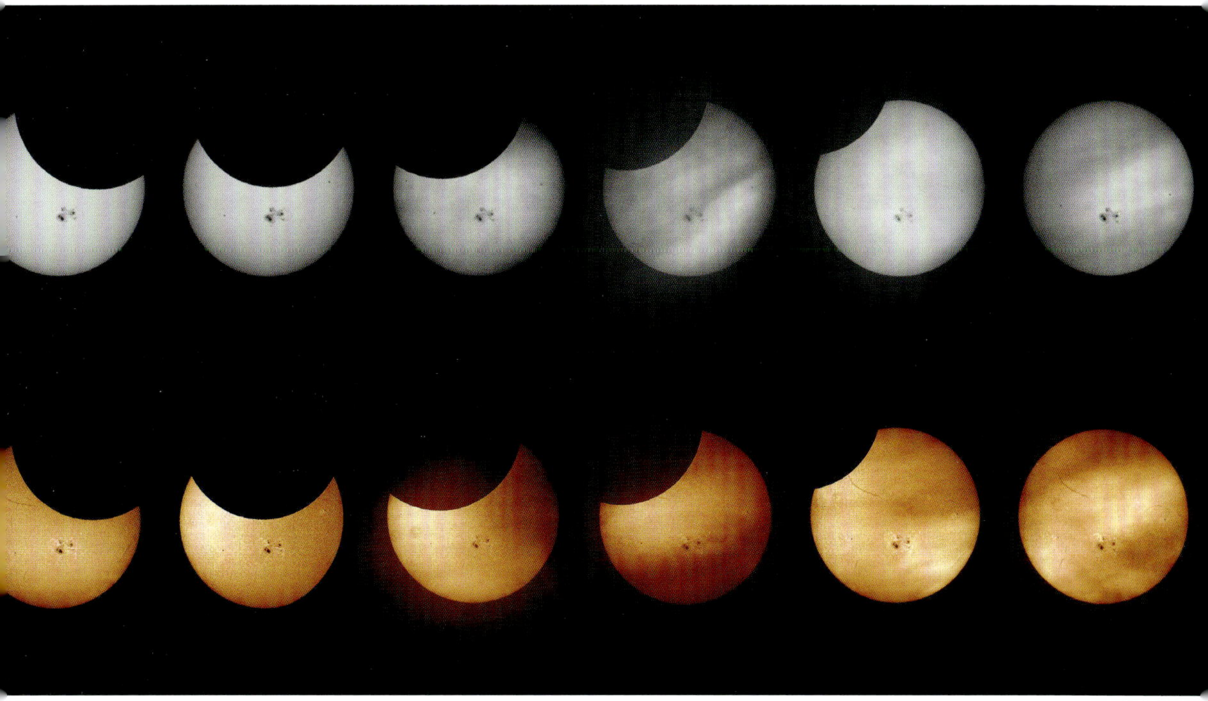

Die Montage zeigt die verschiedenen Phasen der partiellen Sonnenfinsternis am 23.10.2014 in den USA: Die Aufnahmen im Weißlicht entstanden mit einer DSLR vom Typ Canon 450D an einem mit Foliensonnenfilter ausgestatteten Refraktor mit 60mm Öffnung bei 600mm Brennweite. Die Aufnahmen im Hα-Licht entstanden mit einer ungekühlten CCD-Kamera an einem mit Coronado SolarMax 60 ausgestatteten Refraktor mit 60mm Öffnung bei 355mm Brennweite als Summenbild aus je 50 (von 100) Bildern. Deutlich zu sehen ist die zunehmende Bewölkung in der zweiten Hälfte der Finsternis.

dabei auf einer parallaktischen Montierung befindet, kann dieses einfach elektrisch oder per Hand nachgeführt werden. Möglich – aber schwieriger – ist die Verwendung eines normalen Fotostativs. Wenn nicht nur ab und zu ein Foto des Bedeckungsgrades erstellt wird, sondern systematisch der gesamte Verlauf der Finsternis dokumentiert werden soll, dann sollte ein elektronischer Zeitgeber (oder gleich ein Kabelauslöser mit Timer) verwendet werden, der alle 2 oder 5 Minuten die Aufnahme eines neuen Bildes veranlasst. Der Anwender muss dabei jedoch ein Auge darauf haben, dass das Bild der Sonne stets auf dem Detektor verbleibt und nicht durch eine weniger exakte Nachführung »aus dem Bild läuft«. Etwas komplexer ist die Dokumentation einer totalen Sonnenfinsternis: Für die partielle Phase einer totalen Finsternis gilt das Gleiche wie für partielle oder ringförmige Finsternisse – in der spannenden Phase der Totalität ist das Sonnenlicht jedoch so stark abgeschwächt, dass ohne Sonnenfilter fotografiert werden kann und muss. Wenn in der kurzen Phase der Totalität auch die Korona der Sonne dokumentiert werden soll, dann sind hierzu mehrere Aufnahmen mit unterschiedlichen Belichtungszeiten zu erstellen. Das geht nur, wenn der Finsternisfotograf seine Kamera in dem Moment der Totalität blind bedienen kann. Die spannende Herausforderung besteht bei der Fotografie einer totalen Sonnenfinsternis darin, dass es für die kurze Phase der Totalität keine zweite Chance gibt!

Merkur- und Venustransite

Die inneren Planeten unseres Sonnensystems wandern – von der Erde aus gesehen – selten, aber regelmäßig vor der Sonne vorbei. Auch diese »kleinen Finsternisse« laden dazu ein,

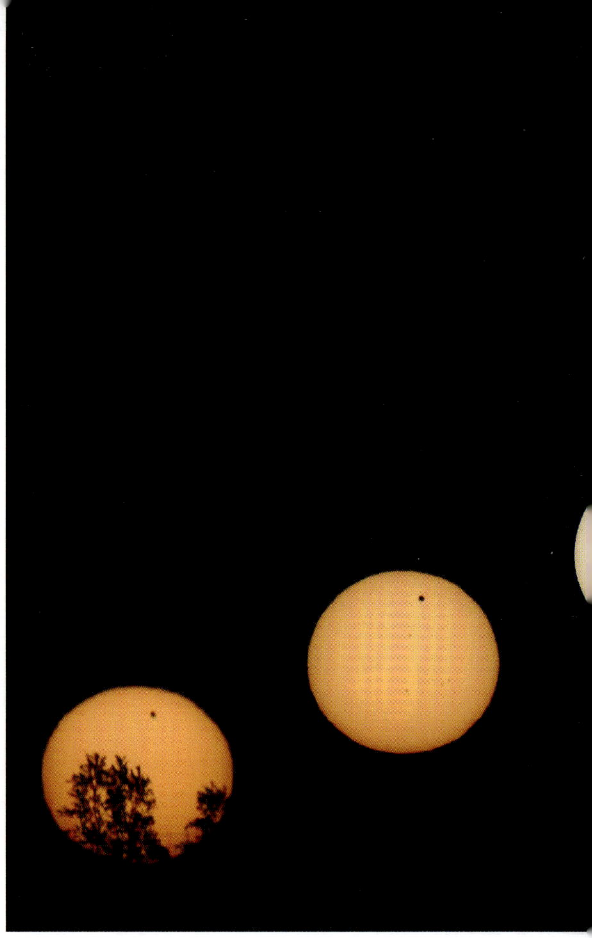

Die nächsten Sonnenfinsternisse

Datum	Typ	Region
2.10.2024	ringförmig	Pazifik, Südamerika (Patagonien)
29.3.2025	partiell	Europa, Atlantik, Großteil von Nordamerika, Arktis
21.9.2025	partiell	Süd-Australien, Pazifik, Atlantik, Antarktis
17.2.2026	ringförmig	Antarktis
12.8.2026	**total**	Europa (Island, Spanien), Nord-Asien, Nord-/West-Afrika, Großteil von Nordamerika, Pazifik, Atlantik, Arktis
6.2.2027	ringförmig	Großteil von Afrika, Südamerika, Pazifik, Atlantik, Antarktis
2.8.2027	**total**	Europa (Spanien), Nordafrika, Indischer Ozean
26.1.2028	ringförmig	Südamerika, Atlantik, Europa (Portugal, Spanien)
22.7.2028	partiell	Süd-Asien, Australien, Pazifik, Indischer Ozean, Antarktis
14.1.2029	partiell	Nordamerika, Pazifik, Atlantik
12.6.2029	partiell	Europa, Nord-Asien, Nord-/West-Nordamerika, Pazifik, Arktis
11.7.2029	partiell	Südamerika, Pazifik, Atlantik
5.12.2029	partiell	Südamerika, Pazifik, Atlantik, Indischer Ozean, Antarktis

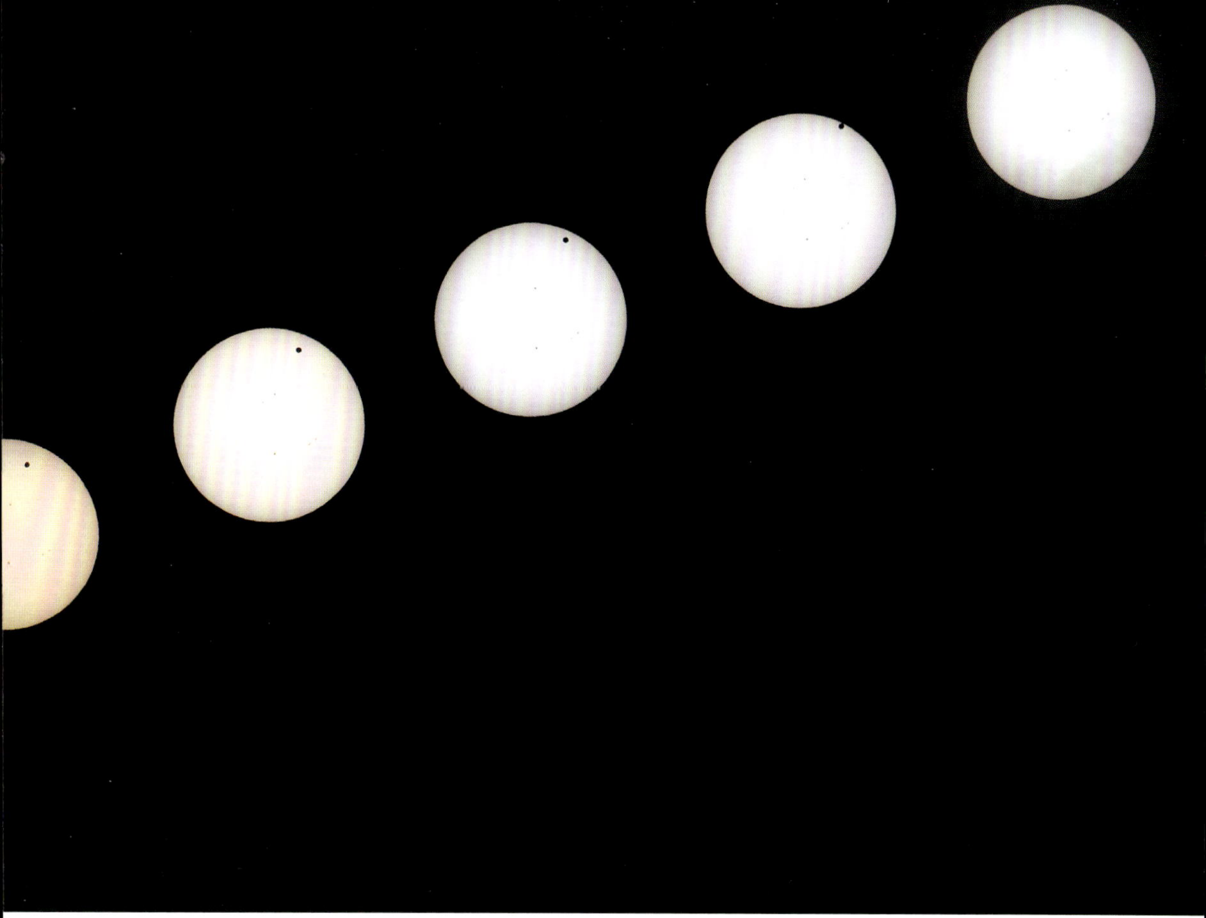

Bild des letzten Venustransits am 6.6.2012 in Wien. Das Bild zeigt ein Komposit verschiedener Aufnahmen, die zwischen dem Sonnenaufgang um 4:55 Uhr bis zum Ende des Venustransits um 6:55 Uhr entstanden sind. Canon 450D mit 300mm-Teleobjektiv.

fotografisch dokumentiert zu werden. Die besondere Herausforderung liegt dabei nicht so sehr in der Technik der Astrofotografie, sondern darin, dass die Ereignisse so selten auftreten: Die letzten beiden Venustransite fanden am 2004 und am 2012 statt, beide waren von Mitteleuropa gut zu beobachten und zu fotografieren. Der nächste Venustransit wird sich jedoch erst am 11. Dezember 2117 ereignen und dann wieder am 8.12.2125.

Besser stehen die Chancen den nächsten Merkurtransit fotografisch zu dokumentieren, denn dieses Ereignis war zuletzt 2016 und 2019 zu beobachten und wird sich am 13. November 2032 (und dann wieder am 7. November 2039) am Himmel abspielen.

Sinngemäß gilt für die Fotografie eines »kleinen« Venus- oder Merkurtransits Ähnliches wie für eine große Sonnenfinsternis: Die Belichtungszeit sollte mit Hilfe des Histogramms so kurz gewählt werden, dass keine Bereiche des Dymanikumfangs abgeschnitten werden und keine Bereiche des Bildes überstrahlen. Fotoobjektive oder kleine (Reise-)Telesko-

Der Merkurtransit vom 9.5.2016

Nach mehreren sonnigen Tagen zeigte sich der Himmel am Morgen des 9.5.2016, am Tag des ersten Merkustransits seit 13 Jahren, leider völlig wolkenverhangen. Dies änderte sich auch nach dem Start des Transits (1. Kontakt um 13:12 Uhr, 2. Kontakt um 13:15 Uhr) nicht. Erst zur Mitte des Transits (Maximum um 16:57 Uhr) ermöglichten kleine Wolkenlücken kurzzeitig einen Blick auf den innersten Planeten unseres Sonnensystems vor der Sonnenscheibe im Weißlicht (540nm), im Hα-Licht (656nm) und im Kalzium-Licht (393nm).
Die kurzen Lücken reichten gerade für Übersichtsaufnahmen des Planeten zusammen mit den Fleckengebieten AR12542/43; Detailaufnahmen mit längerer Brennweite waren bei der Bewölkungssituation nicht möglich, da sich auch bis zum Ende des Transits (3. Kontakt um 20:39 Uhr und 4. Kontakt um 20:42 Uhr) die Bewölkungssituation nicht mehr besserte.

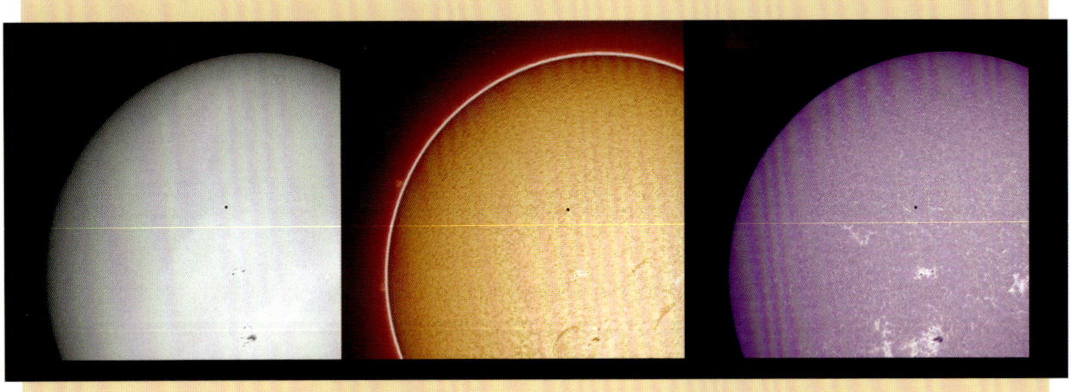

Merkurtransit in unterschiedlichen Wellenlängen: Sonnenscheibe im Weißlicht; Astro Solar Safety Film Photo (ND=3,8) mit Baader Solar-Continuum-Filter (mit der Bandbreite von 10 Ångström um 540nm) am Takahashi FS-60Q (Brennweite 600mm, Öffnung 60mm); Kamera: PointGrey Grasshopper3-U3-28S5M; Bildverarbeitung: 200 Einzelbilder in Avistack und Photoshop bearbeitet. Sonnenscheibe im Hα-Licht; Coronado SolarMax 60 am Takahashi FS-60Q (Brennweite 600mm, Öffnung 60mm, 656 nm); Kamera: PointGrey Grasshopper3-U3-28S5M; Bildverarbeitung: 200 Einzelbilder in Avistack und Photoshop bearbeitet. Sonnenscheibe im Kalzium-Licht; Lunt CaK-Teleskop (Brennweite 500mm, Öffnung 60mm, Bandbreite von 2,4 Ångström bei 393 nm); Kamera: PointGrey Grasshopper3-U3-28S5M; Bildverarbeitung: 200 Einzelbilder in Avistack und Photoshop bearbeitet.

Vogelflug vor der Sonnenscheibe im Weißlicht; Astro Solar Safety Film Photo (ND=3,8) mit Baader Solar-Continuum-Filter am Takahashi FC-76DS (Brennweite 570mm, Öffnung 76mm); Es handelt sich um die kombinierten Einzelaufnahmen eines Vogels im Flug vor der Sonne aus einer Filmsequenz mit 2500 Einzelbildern. In Avistack und Photoshop bearbeitet.

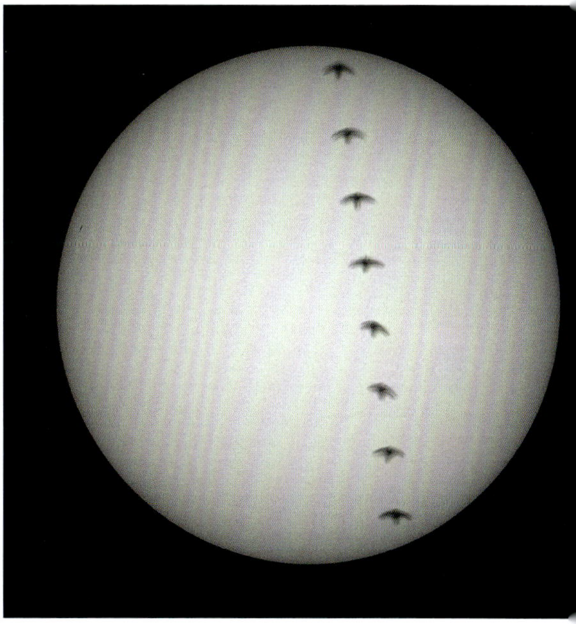

pe mit Brennweiten zwischen 500mm und 1000mm sind gut geeignet um Übersichtsaufnahmen der Sonnenscheibe mit dem vorbeiwandernden Planeten aufzunehmen. Bedingt durch den weiten Weg, den die Sonne während des mehrstündigen Transits am Himmel zurücklegt, wird man um eine mehrmalige Korrektur der Belichtungszeit während des Transits nicht umhinkommen.

Objekte vor der Sonne

Auch wenn die Sonne am Himmel nur einen Durchmesser von 0,5° hat und auch das Aufnehmen von Filmsequenzen mit mehreren tausend Bildern meist nur wenige Minuten dauert, ist es erstaunlich wie viel am Himmel »los ist«, so dass es immer wieder dazu kommt, dass Objekte vor der Sonne vorbeifliegen – dies können Vögel oder von Menschen gemachte Objekte wie Flugzeuge oder die Internationale Raumstation ISS sein.

Nicht planbar sind Aufnahmen von Vögeln, die wahrend der Sonnenfotografie zufällig vor der Sonne durchziehen. In Abhängigkeit davon wie hoch die Vögel fliegen und wie scharf sich daher die Silhouette der Vögel vor der Sonne abzeichnet, ist es oft möglich die Art der Vögel zu bestimmen.

Besser planbar sind Aufnahmen von Flugzeugen vor der Sonne, da meist die Korridore in denen Flugzeuge fliegen bekannt sind. Und da auch berechenbar ist wann die Sonne auf ihrem Weg über den Himmel diese Flugrouten kreutzt, kann man sich gezielt auf die Lauer legen um einen solchen Vorbeiflug eines Flugzeugs vor der Sonne fotografisch zu dokumentieren; eine große Portion Glück gehört aber dennoch dazu, dass der Flieger auch wirklich vor der Sonnenscheide vorbeifliegt und nicht knapp darüber oder darunter.

Exakt planen lässt sich hingegen der Vorbei-

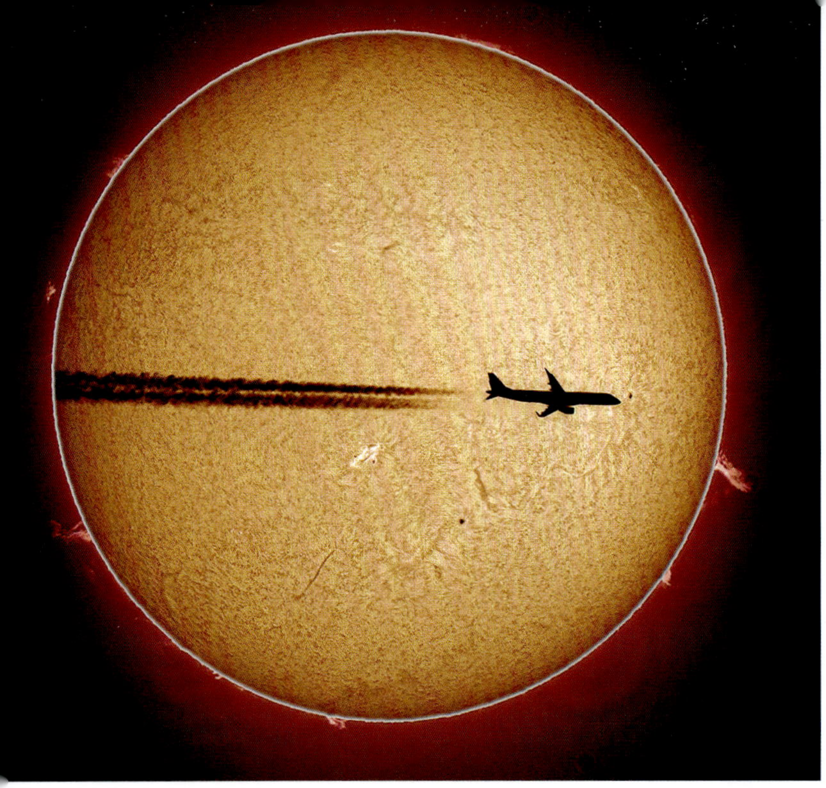

Flugzeug vor der Sonnenscheibe im Hα-Licht; Coronado SolarMax 90 am Takahashi FC-76DS (Brennweite 570mm, Öffnung 76mm); Kamera: PointGrey Grasshopper3-U3-28S5M; Bildverarbeitung: 500 von 2500 Einzelbildern in Avistack bearbeitet und mit einem Einzelbild aus der gleichen Filmsequenz in Photoshop kombiniert.

flug der Internationalen Raumstation ISS vor der Sonne, da die Flugdaten der Raumstation bekannt sind und nur selten korrigiert werden. Entscheidend für eine erfolgreiche Fotografie eines ISS-Transits ist die detaillierte und sekundengenaue Planung: Zunächst muss geklärt werden, wann und wo ein Transit der ISS vor der Sonne zu beobachten ist. Hierbei helfen einschlägige Webseiten, die ständig die Flugdaten der ISS protokollieren und so stets eine gültige Vorhersage der Flugbahn ermöglichen.

Bei der Auswahl eines zu beobachtenden Transits aus der Ergebnisliste sind aber nicht nur die Wetterbedingungen am Tag des Transits und die angegebene Entfernung zu einem Beobachtungsort auf der Zentrallinie entscheidend, sondern auch die Höhe des Sonnenstands zum Zeitpunkt des Transits: Bei einem niedrigen und horizontnahen Sonnenstand ist bei der Auswahl des Beobachtungsortes auf eine freie Horizontsicht zu achten und darauf, dass die Sonne nicht über einer Stadt oder Industrieanlage steht, die durch ihre Abwärme zu Luftunruhe vor der Sonne führt. Zudem führt ein horizontnaher Transit dazu, dass die Entfernung zwischen ISS und Beobachter meist deutlich größer ist als bei einem Überflug im Zenit über dem Beobachtungsort. Außerdem hat die Entfernung zwischen Beobachter und ISS Auswirkungen darauf, wie groß die ISS auf den Bildern erscheint und wie lange der Transit dauert. Optimal ist sicherlich eine kurze Entfernung im Bereich von wenig mehr als 400km (die zu Transitzeiten von unter einer Sekunde führen), bei horizontnahen Transits kann die Entfernung auch schon auf über 1100km (und eine Transitdauer von über drei Sekunden) ansteigen.

Da die Fotografie eines Transits der ISS vor der Sonne in der Regel mit einer Fahrt zu einem Beobachtungsort auf der Zentrallinie

Der ISS-Transit vom 17.6.2017

Die Beobachtungsbedingungen während des Transits waren geprägt von durchziehender Bewölkung und entsprechend schlechtem Seeing. Der Transit fand um 18:57:03 Uhr statt, als die Sonne 64,7° hoch am Himmel stand. Die Entfernung der ISS zum Beobachtungsort betrug nur 451,6 Kilometer, so dass der Transit nur 0,6 Sekunden dauerte und die Raumstation entsprechend groß erschien: Deutlich sind die insgesamt 4500 Quadratmeter Solarzellen zu erkennen, die die Ansicht der Raumstation mit einer Spannweite von 109 Metern prägen. Die beiden kleinen Fleckengebiete, die zum Zeitpunkt des Transits auf der Sonne sichtbar waren, tragen die Nummern AR12662 sowie AR12663; schön, dass sich die ISS vom Beobachtungsort aus gesehen genau zwischen den beiden Fleckengebieten hindurch bewegt.

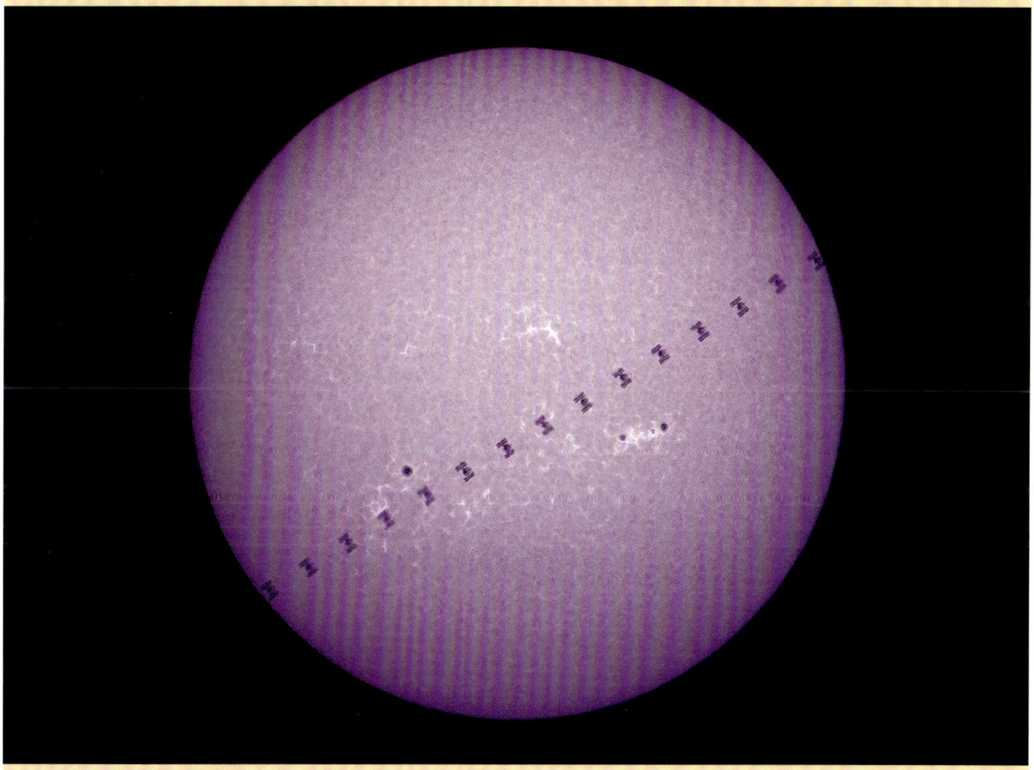

Transit der ISS vor der Sonnenscheibe im Kalzium-Licht (K-Linie) am 17.6.2017; Lunt CaK-Modul am Takahashi FC-76DS (Brennweite 570mm, Öffnung 76mm); Kamera: PointGrey Grasshopper3-U3-60QS6M; Bildverarbeitung: Montage aus 16 Bildern in Photoshop bearbeitet.

verbunden ist, bietet sich der Einsatz kurzbrennweitiger Reiseteleskope und entsprechender stabiler Reisemontierungen mit motorischer Nachführung an. Bei der Auswahl der verwendeten Kamera sind die Größe des Chips und die Bildfrequenz entscheidend: Um alle Phasen eines Transits fotografieren zu können, sollte die verwendete Kamera es in Verbindung mit dem gewählten Teleskop erlauben, die ganze Sonnenscheibe abzubilden. Kameras mit größerem Chip sind daher besser geeignet als Kameras mit kleinerem Chip, da dann auch die Brennweite – und so meist auch die Auflösung – des verwendeten Teleskops größer gewählt werden kann. Zudem ist eine möglichst hohe Bildfrequenz der Kamera entscheidend dafür, wie viele Bilder des Überflugs aufgezeichnet werden. Kameras, die nur drei bis vier Bilder pro Sekunde aufzeichnen können (wie dies beispielsweise bei einigen preiswerten DSLR der Fall ist), liefern bei einem nahen und daher kurzen Überflug oft nur eine Handvoll Bilder, während die in der Sonnen- und Planetenfotografie eingesetzten üblichen CMOS- bzw. CCD-Kameras mit Bildfrequenzen von bis zu 30 bis 60 (oder noch mehr) Bildern pro Sekunde arbeiten und deutlich mehr Phasen des Transits dokumentieren können.

Wann ist die ISS vor der Sonne zu sehen?

Verschiedene Webseiten greifen auf die aktuellen Flugdaten der Internationalen Raumstation zurück und bieten die Möglichkeit Transits der ISS vor der Sonne (oder dem Mond) für jeden Beobachtungspunkt auf der Erde zu berechnen. Empfohlen seien hierfür:

- »ISS Transit Finder« (transit-finder.com/)
- »AstroViewer« (astroviewer.net/iss/de/beobachtung.php)
- »Heavens above« (heavens-above.com/)

KAPITEL 6

Praxis der Sonnenfotografie

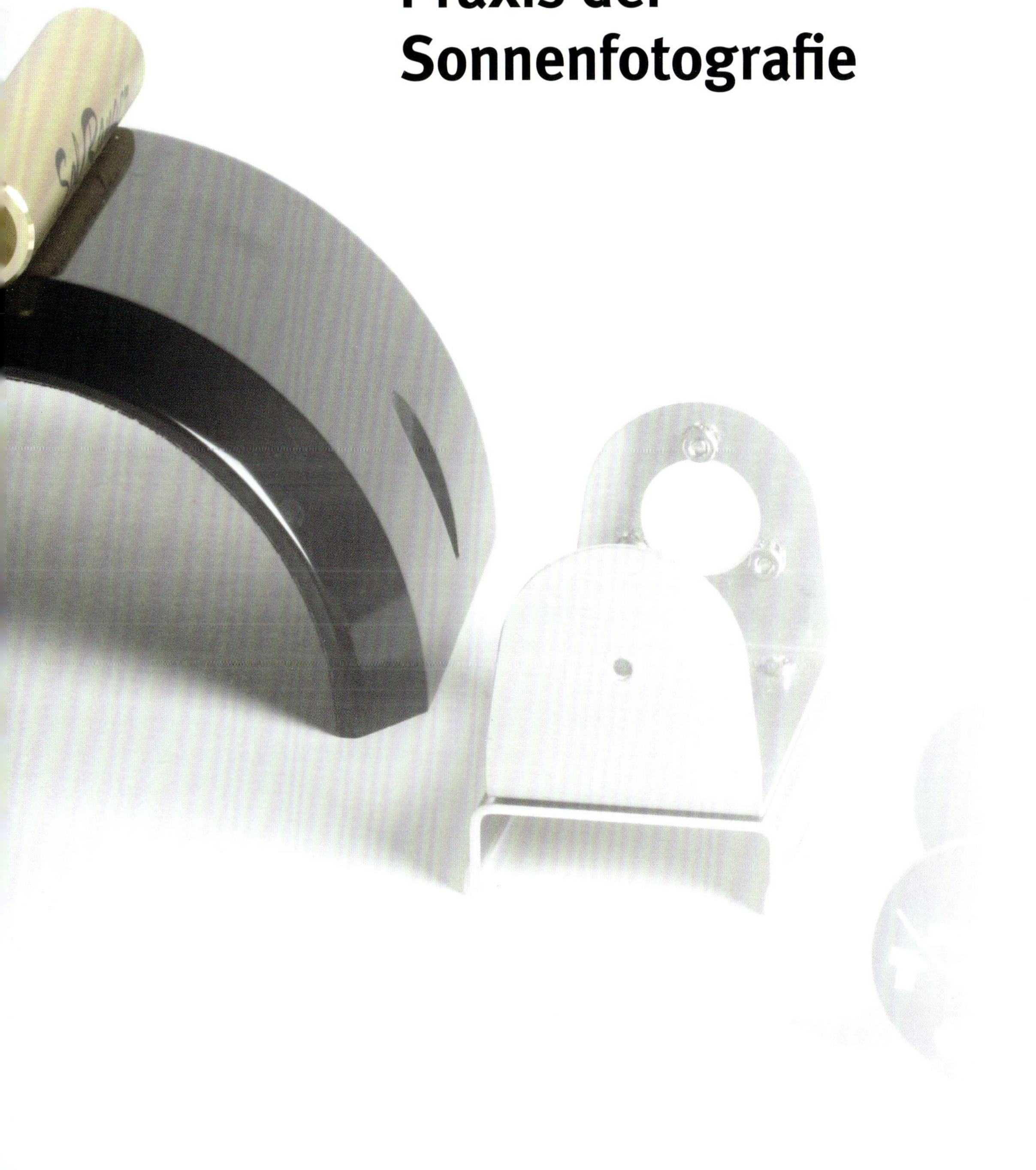

Vorbereitung

Um schon vor dem Aufbau des Teleskops prüfen zu können, welche Phänomene aktuell auf der Sonne zu sehen sind und ob sich der Aufbau überhaupt lohnt, ist ein Blick auf die Webseiten der einschlägigen Sonnensatelliten hilfreich und informativ:

- Das österreichische Observatorium Kanzelhöhe bietet täglich hochaufgelöste Fotos im Weiß-, Hα- und Kalziumlicht.
- Im weltweiten GONG-Netzwerk sind weitere Hα-Aufnahmen von anderen Observatorien zu finden, wenn auf der Kanzelhöhe wetterbedingt nicht fotografiert werden kann.
- Das 2010 von der NASA in Betrieb genommene Solar Dynamics Observatory (SDO) hat die Aufgabe, die Entwicklung auf der Sonne zu dokumentieren und deren Auswirkung auf die Erde zu bestimmen. Kontinuierlich beobachten die drei Instrumente von SDO (Atmospheric Imaging Assembly (AIA), EUV Variability Experiment (EVE), Helioseismic and Magnetic Imager (HMI)) dabei die Sonne in insgesamt zehn verschiedenen Wellenlängen.
- Das Solar & Heliospheric Observatory (SOHO) ist ein gemeinsames Projekt der ESA und der NASA zur Erforschung der Sonne; sowohl ihrer tiefen Kernstruktur als auch der äußeren Korona und des Sonnenwindes. Die insgesamt zwölf wissenschaftlichen Instrumente an Bord von SOHO gewinnen Bilder der Sonnenatmosphäre bei verschiedenen Wellenlängen und zeigen so die Sonne bei insgesamt sechs verschiedenen Temperaturen.
- Solar Terrestrial Relations Observatory (STEREO): Das Solar Terrestrial Relations Observatory ist die dritte Mission des Solar Terrestrial Probes Programm (STP) der NASA. Diese Mission betreibt zwei nahezu identische weltraumgestützte Observatorien – eines der Erde auf ihrer Bahn vorauseilend, eines hinterherlaufend – so dass stereoskopische Messungen der Sonne und ihrer koronalen Massenausbrüche möglich sind. Wissenschaftliche Ziele der Mission sind unter anderem die Aufdeckung der Mechanismen und Orte der energetischen Teilchenbeschleunigung in der unteren Korona und dem interplanetaren Medium sowie die Verbesserung der Bestimmung der Struktur des Sonnenwindes. Von den beiden Satelliten können die beiden aktuellsten Bilder des STEREO-SECCHI Extreme Ultraviolet Imager (EUVI) abgerufen werden, sowie eine 3D-Ansicht der Sonne, die aus den aktuellsten Bildern erstellt wurde.
- Der Sonnensatellit HINODE, ein amerikanisch-japanisches Gemeinschaftsprojekt, ist seit 22.9.2006 aktiv. Der Satellit beobachtet unser Tagesgestirn mit einem hochauflösenden Solar Optical Telescope (SOT) in verschiedenen optischen Wellenlängen. Zudem beobachtet er mit dem x-Ray Telescope (XRT) das Magnetfeld der Sonne.
- Ebenfalls sehr hilfreich ist ein Blick auf die Webseite solarmonitor.org, da hier

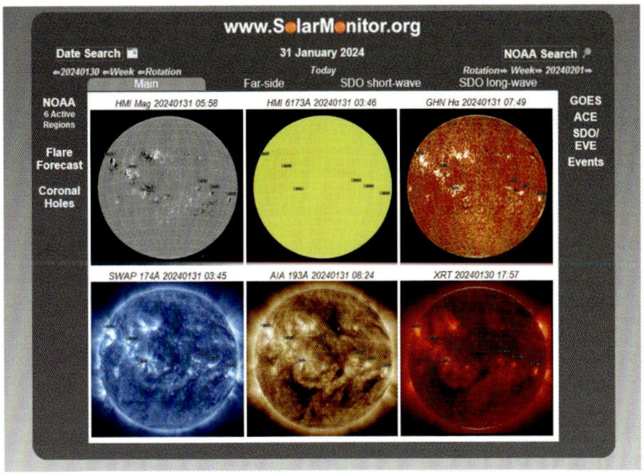

Die Webseite Solarmonitor.org bietet einen schnellen Überblick über die Ansicht der Sonne in den verschiedenen Wellenlängen und benennt auch die aktuell sichtbaren Aktiven Regionen auf der Sonne.

– neben der Präsentation der Sonne in sechs verschiedenen Wellenlängen – auch die Benennung der beobachtbaren aktiven Gebiete zu finden ist.

Wahl des Aufnahmeortes

Da die Aufnahmen der Sonne am hellen Taghimmel erfolgen und die Sonne das mit Abstand am hellsten strahlende Objekt ist, muss auf Streulicht oder Lichtverschmutzung keine Rücksicht genommen werden. Auch wenn die Sonnenfotografie aus dem Garten oder Hinterhof möglich ist, ist es im Winter dennoch günstig, nicht aus dicht bebauten Städten heraus zu fotografieren, da die Häuser über ihre Kamine (aber auch über die

Sonnenaufnahmen im Internet

Thema	URL
Solar Dynamics Observatory (SDO)	https://sdo.gsfc.nasa.gov/data/
Solar & Heliospheric Observatory (SOHO)	https://soho.nascom.nasa.gov/
Solar Terrestrial Relations Observatory (STEREO)	https://stereo.gsfc.nasa.gov/beacon/
Sonnensatellit HINODE	https://science.nasa.gov/mission/hinode/
Benennung der Aktiven Gebiete auf der Sonne	https://solarmonitor.org/
Observatorium Kanzelhöhe Weißlicht	https://www.kso.ac.at/phokaD/JPEG/recent/recent.lo.jpg
Observatorium Kanzelhöhe Hα-Licht	https://www.kso.ac.at/halpha2k/recent/hfullb.jpg
Observatorium Kanzelhöhe Kalzium-Licht	https://www.kso.ac.at/caii/JPEG/recent/recent.lo.jpg
Weltweites Gong-Netzwerk	https://gong2.nso.edu/products/tableView/table.php?configFile=configs/hAlphaColor.cfg

Wände) einiges an Wärme abgeben, die dann in Form von Luftunruhe die Bedingungen für Sonnenaufnahmen verschlechtert. Je höher die Sonne am Himmel steht und je weiter der Beobachtungsort von Wohngebieten entfernt ist, desto geringer wird dieser störende Einfluss.

Aber nicht nur die von der Zivilisation abgegebene Wärme führt zu Luftunruhe und damit zu Verschlechterungen der Bedingungen für die Sonnenfotografie, auch die im Laufe des Tages zunehmende Erwärmung der Erde und die damit verbundene Abstrahlung begünstigen die Zunahme von Luftunruhe. Für die Fotografie der Sonne kann es daher ratsam sein, einen Aufnahmezeitpunkt am Vormittag zu wählen, an dem die Sonne bereits hoch genug am Himmel steht, um nicht mehr den Beeinträchtigungen der Horizontsicht und des Dunstes am Horizont unterworfen zu sein, und es aber noch früh genug am Tag ist, damit die Sonne die Erde noch nicht so stark aufheizen konnte, dass die entstehenden Luftturbulenzen die Sonnenfotografie stören.

Aufbau

Vereinfacht wird der Aufbau der für die Sonnenfotografie notwendigen Ausrüstung dadurch, dass dieser erfreulicherweise nicht in der Dunkelheit stattfinden muss. Diese Eigenschaft erschwert jedoch auch die exakte Ausrichtung der Montierung, da der Polarstern nicht sichtbar ist. Für Sonnenfotografen, die über eine stationäre oder teilstationäre Aufstellung verfügen, ist der Aufbau in der Regel kein Problem, da eine fix montierte Säule verwendet werden kann und damit nach dem Einsetzen der Montierung in den Montierungsadapter die exakte Ausrichtung der Montierung wieder hergestellt ist.

Für Sonnenbeobachter mit mobilem Teleskop kann zunächst nur ein Kompass als Hilfsmittel bei der Ausrichtung dienen. Ein Einrichten der so zunächst grob ausgerichteten Montierung kann nur an einem einzigen Stern erfolgen: der Sonne.

Wenn die Montierung aufgebaut und das Teleskop aufgesetzt ist, sollte als erster Schritt immer der Glas- oder Folienfilter vor die Teleskopöffnung gesetzt werden; zum einen um zu verhindern, dass man gedankenverloren durch das Teleskop schaut und sein Augenlicht gefährdet, und zum anderen um zu verhindern, dass die gebündelte Sonnenenergie Schäden am Teleskop oder am Beobachtungsort anrichtet. Stets ist dabei auch daran zu denken, den Sucher mit einem Sonnenfilter zu versehen – oder komplett abzudecken. Der Sonnenfilter muss so fixiert werden, dass er weder versehentlich vom Teleskop gestoßen noch vom Wind heruntergeblasen werden kann. Nachdem die Kamera in den Okularauszug gesteckt wurde, ist diese noch an den PC anzuschließen und die Aufnahmesoftware zu starten.

Je nach verwendeter Brennweite kann es unter Umständen schwierig sein das Teleskop auf die Sonne auszurichten, vor allem dann, wenn der Sucher aus Sicherheitsgründen abgedeckt ist. Hilfreich sind hier kleine »Sonnensucher«, die im Wesentlichen aus einem Loch bestehen und als Lochkamera ein Bild der Sonne auf eine Präsentationsfläche werfen. So einfach diese Sonnensucher von der Konstruktion her sind, so zuverlässig sind sie in der Anwendung.

In das Personal Solar Telescope (PST) hat Coronado einen solchen simplen Sucher direkt eingebaut, bei allen anderen SolarMax-Teleskopen von Coronado ist der Sonnen-

Sonnensucher

Ein Sonnensucher folgt dem Prinzip einer Lochkamera. Zur Ausrichtung des Teleskops wird ein Abbild der Sonne auf eine kleine Projektionsfläche projiziert.

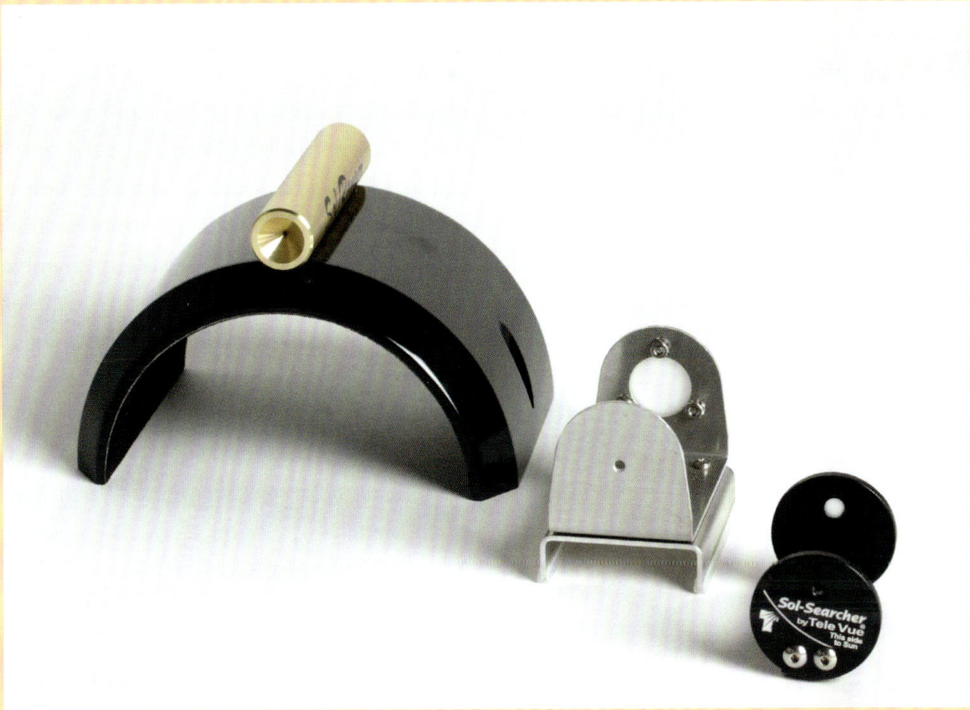

Sonnensucher folgen dem Prinzip einer Lochkamera und werfen zur Ausrichtung des Teleskops ein Abbild der Sonne auf eine kleine Projektionsfläche: Der Sonnensucher von Coronado (links) ist auf der oberen Hälfte der Rohrschelle verschraubt, der Sol-Searcher von Televue (rechts) wird ebenfalls ans Teleskop geschraubt, während der universelle Sonnensucher von Euro EMC (Mitte) auf einen Teleskoptubus mit beliebigem Durchmesser aufgesetzt werden kann.

sucher mit der Rohrschelle verbunden. Lunt liefert seine Sonnenteleskope mit dem Sonnensucher »Sol-Searcher« von Televue aus, der ebenfalls mit der Rohrschelle verbunden werden kann. Für die Verwendung mit schon vorhandenen Teleskopen bieten sich einfache Modelle wie der Euro-EMC Sonnensucher an, die mit jedem beliebigen Teleskop kombiniert werden können.

Fokussierung

Die Fokussierung für die Aufnahme kann anhand des Sonnenbildes auf dem Notebook-Monitor erfolgen. Bei Brennweiten ab 1000mm sind in der Regel auf der Sonnenoberfläche im Weißlicht ausreichend Details der Sonnenflecken oder Granulen zu erkennen, um an diesen sehr exakt fokussieren zu können.

Die Fotografie der Sonnenphänomene der Chromosphäre im Hα-Licht gestaltet sich meist etwas komplizierter und aufwändiger als die Fotografie der Phänomene der Photosphäre, da die Öffnungen der eingesetzten Teleskope (preislich bedingt) in der Regel deutlich kleiner sind und die Bilder auf dem Notebook-Display daher nicht so hell und scharf erscheinen, so dass das Fokussieren erschwert ist. Wird jedoch die Belichtungszeit verlängert um die Bildhelligkeit zu erhöhen, dann wird das Bild durch die Luftunruhe meist weniger scharf, so dass auch dadurch die Fokussierung nicht vereinfacht wird. Während das PST als Hα-Teleskop für Einsteiger nur über 400mm Brennweite verfügt, verfügen Einsteigerteleskope für nächtliche Beobachtungen in dieser Preisklasse üblicherweise bereits über mehr als eine doppelt so große Öffnung und Brennweite. Aber nicht nur die geringere Brennweite und die damit eingeschränkte maximale Vergrößerung stellen eine Beschränkung dar: Die Haupteinschränkung des PST ergibt sich aus dem fest eingebauten Filterelement mit einem Durchlass von nur 4mm und dem kurzen Fokussierweg des Teleskops: Der kleine Durchlass erfordert eine sehr exakte Zentrierung der (bei 400mm rund 3,52mm großen) Sonnenscheibe, wenn die gesamte Sonnenscheibe – und nicht nur ein Ausschnitt fotografiert werden soll. Der kurze Fokusweg verhindert darüber hinaus bei vielen Kameras, dass die Kamera fokal an das PST adaptiert werden kann – Aufnahmen sind daher nur afokal, d.h. mittels Okularprojektion, möglich. Eine Alternative stellt die Verwendung einer Barlowlinse dar, die den Brennpunkt hinter das PST holt und so auch die fokale Adaption einer Kamera ermöglicht. Der Einsatz einer kleinen Kamera und ihres entsprechend kleinen CCD- oder CMOS-Chips bildet bei Verwendung einer Barlowlinse nur einen zentralen und kleinen Ausschnitt des erzeugten Bildes ab; die Beschränkungen, die sich aus dem Durchmesser des Blockfilters ergeben, kommen dann daher nicht mehr zum Tragen.

Durchführung der Belichtungen

Für Übersichtsaufnahmen der gesamten Sonnenscheibe eignen sich Teleskope mit Brennweiten bis etwa 600mm sehr gut, wenn entsprechend große Aufnahmedetektoren (mit mind. ½"-Chips) verwendet werden. Brennweiten von 2500mm oder darüber hinaus eignen sich hingegen sehr gut, um Details von Fleckengruppen oder Protuberanzen sichtbar zu machen.

Die Aufnahme der erforderlichen Bildsequenz ist bei der Sonnenfotografie meist recht unkompliziert: Die ideale Belichtungszeit kann anhand des Histogramms leicht gefunden werden. Sie sollte so lang gewählt

Checkliste für die Sonnenfotografie

1. Beobachtungsort möglichst außerhalb von Siedlungen suchen, um die negativen Auswirkungen der Wärmestrahlung zu vermeiden.
2. Montierung aufbauen und mit einem Kompass grob ausrichten.
3. Teleskop und Kamera montieren.
4. Sonnenfilter installieren (ggf. Hα- oder Kalzium-Filter montieren).
5. Optischen Sucher abdecken oder dort ebenfalls einen Sonnenfilter installieren.
6. Montierung ausbalancieren.
7. Kamera und Notebook an Stromversorgung anschließen, Kamera an Notebook anschließen.
8. Software für Bildaufnahme auf dem Notebook starten, Aufnahmeverzeichnis und Aufnahmeparameter eingeben.
9. Teleskop auf die Sonne ausrichten (Sonnensucher verwenden, alternativ kann der Schattenwurf des Teleskops hilfreich sein, wenn der optische Sucher abgedeckt ist).
10. Motorische Nachführung starten.
11. Kamera sorgfältig fokussieren.
12. Belichtungszeit einstellen (hierbei Histogramm beachten).
13. Aufnahmeserie(n) durchführen.

werden, dass auch in den dunklen Bereichen der Flecken noch eine detaillierte Zeichnung auftritt und gleichzeitig in den hellen Bereichen keine Informationen abgeschnitten werden. Der »Berg« in der Histogramm-Darstellung der Software darf daher an keiner Seite anstoßen oder gar abgeschnitten sein.

Die Anzahl der aufzunehmenden Bilder hängt von einer Reihe von Faktoren ab: Zum einen von den Wetterbedingungen, da kleine Wolkenlücken meist keine besonders langen Aufnahmesequenzen ermöglichen. Zum anderen ist die Geschwindigkeit der verwendeten Kamera und der verwendeten Schnittstelle bzw. der Leistungsfähigkeit des Notebooks entscheidend, da Kameras, die nur 10 bis 15 Bilder pro Sekunde liefern, eine Aufnahmesequenz von mehreren tausend Bildern sehr in die Länge ziehen können. Zudem ist das entstehende Datenvolumen zu bedenken, das bei der digitalen Bildverarbeitung verwaltet werden muss, da Filmsequenzen über 6 bis 8 GB (wie sie bei schnellen Kameras mit großem Chip schnell entstehen können) in der Bildverarbeitung sehr aufwändig werden.

Die Filmsequenzen sollten stets in der höchstmöglichen Bit-Qualität aufgezeichnet werden. Welches Datenformat dabei gewählt wird, hängt ganz wesentlich von der verwendeten Software ab. Das SER-Format, das beispielsweise die Software Lucam-Recorder von Heiko Wilkens und Genika Astro von AiryLab sowie FireCapture von Torsten Edelmann unterstützt, hat sich bewährt.

Aufnahmetechnik mit FireCapture

Exemplarisch soll hier das Vorgehen bei der Fotografie der Sonne im Weißlicht mit der Software FireCapture von Torsten Edelmann vorgestellt werden, wobei FireCapture nur eine Möglichkeit zur Aufzeichnung von Sonnenaufnahmen ist, neben den Programmen, die den Kameras in der Regel beiliegen, gibt es zahlreiche weitere Programme von Drittanbietern, die diese Aufnahme übernehmen können.

Nach der Installation belegt FireCapture rund 365 MB auf dem Rechner. Beim Starten des Programms sucht dieses direkt nach einer angeschlossenen Kamera und zeigt deren Livebild im Content-Bereich des Hauptbildschirms an. Der Hauptbildschirm von FireCapture ist sehr strukturiert und übersichtlich aufgebaut: Am linken Bildschirmrand befinden sich in den entsprechenden Bereichen die die verwendete Auflösung ([Bild]), die Einstellmöglichkeiten [Steuerung], aktuelle Aufnahmeparameter ([Aufnahme] und [Status]) sowie optional ins Live-Bild einblendbare Infos zu bspw. Histogramm, Fadenkreuz und Fokushilfe ([Optionen]). Am oberen Bildschirmrand sind [Zoom]-Einstellungen sowie weitere [Settings] zu finden. Den größten Teil des Bildschirms nimmt die Anzeige des Live-Bildes der Kamera ein.

Ehe mit den Aufnahmen begonnen werden kann, sollte im Bereich [Aufnahme] das passende Profil zu dem zu fotografierenden Objekt gewählt werden, da FireCapture auf der Auswahl basierend direkt einen Großteil der Voreinstellungen passend wählt – in unserem Fall wählen wir als Profil [sun] aus. In diesem Bereich sollte auch noch das Verzeichnis benannt werden, in dem die Aufnahmen abgelegt werden (das Verzeichnis kann über das Mappen-Symbol gewählt werden). Auch die Wahl des Dateiformats ist in diesem Bereich möglich, ebenso wie die Beschränkung der Aufnahmesequenz auf eine bestimmte Anzahl von Bildern oder eine bestimmte Aufnahmedauer oder eine bestimmte maximale Dateigröße.

Für die Aufnahmesequenzen wähle ich als Dateiformat SER und die Länge der Aufnahmesequenz umfasst 2500 Bilder. Als Name der erzeugten Datei schlägt die Software eine Kombination aus dem fotografierten Objekt (Sun) und der Uhrzeit zu Beginn der Aufnahme ([Time]) vor).

Das große Live-Bild kann beim exakten Fokussieren eine gute Hilfe sein: Über die Zoom-Funktion kann entweder in den vorgegebenen Stufen die Anzeige des Bildes zwischen 50%, 100% und 200% gewählt werden oder über den Schieberegler kann stufenlos eine Anzeige zwischen 10% und 300% eingestellt werden. Eine Zoomstufe von 200% vereinfacht die Fokussierung erheblich. Anschließend sollte die Ansicht wieder auf einen Wert zwischen 50% und 100% zurückgesetzt werden, da in einer solchen verkleinerten Übersicht die Position der Sonnenscheibe bzw. der zu fotografierenden Sonnenflecken oder Protuberanzen einfacher kontrolliert werden kann.

Um eine Aufnahme der Sonne zu starten, sollte zunächst noch im Bereich [Optionen] die Anzeige des Histogramms aktiviert werden, dieses wird in der bekannten Form unten in das Livebild der Kamera eingeblendet.

Mögliche Fehlerquellen

Die Fotografie der Sonne im Weißlicht, im Hα-Licht und im Kalzium-Licht ist meistens geprägt von mittleren bis hohen Vergrößerungen, den Besonderheiten, die sich aus den ausgewählten Wellenlängen ergeben und umfangreichen Bildfolgen. Diese Eigenschaften der Sonnenfotografie sind auch die häufigsten möglichen Fehlerquellen:

1. Bedingt durch die hohen Vergrößerungen, die sich aus den oft bei der Sonnenfotografie verwendeten langen Brennweiten ergeben, werden auch die Luftturbulenzen mit vergrößert. Das Bild auf dem Notebook-Display ist daher oft unruhig und schwierig zu fokussieren. Um den exakten Fokus zu treffen hilft es nur, auf die kurzen Augenblicke größerer Luftruhe und damit eines stabileren Bildes zu warten und diese kurze Phase zur Fokussierung zu nutzen. Mit zunehmender Erfahrung werden Sie ein Gefühl dafür entwickeln, welche Schärfe Sie von der verwendeten Optik erwarten dürfen, so dass das Fokussieren mit zunehmender Erfahrung auch schneller und präziser erfolgen wird.
2. Gerade bei Verwendung von Hα- oder Kalzium-Filtern kann – je nach Bandbreite des verwendeten Filters – das Bild auf dem Monitor recht flau und kontrastlos erscheinen. Diese Darstellung erschwert die exakte Fokussierung, kann aber in der digitalen Bildverarbeitung deutlich angehoben werden, so dass auch Hα- und Kalzium-Aufnahmen nach der Bearbeitung deutlich kontrastreicher wirken als während der Aufnahme.
3. Oft werden für den astrofotografischen Einsatz »Im Feld« Notebooks eingesetzt, die für die tägliche Arbeit am Schreibtisch nicht mehr leistungsfähig genug sind. Das ist grundsätzlich in Ordnung und für viele Kameras auch ausreichend. Wenn Sie jedoch große Datenmengen schnell verarbeiten wollen, sollte die verwendete Computerhardware nicht der Flaschenhals sein: Gerade bei der Fotografie der Sonne macht der Einsatz aktueller Hardware mit schnellen und zeitgemäßen Schnittstellen (USB-C oder USB3 statt USB2.0) und schnellen Speichern (SSD statt Festplatte) Sinn und erleichtert die Astrofotografie.

Das Histogramm hilft dabei die korrekte Belichtungszeit zu wählen. Die Belichtungszeit kann im Bereich [Steuerung] eingestellt werden: Unterhalb des Schiebereglers für die Verstärkung ([Gain]) ist Regler für die Belichtungszeit zu finden ([Bel. (ms)]). Die Belichtungszeit kann dabei entweder über den Regler oder durch Eingabe eines numerischen Wertes oder über die Pfeiltasten gewählt werden. Ziel bei der Wahl der Belichtungszeit ist es, in der Histogrammdarstellung darauf zu achten, dass keine relevanten Informationen abgeschnitten werden, d.h. dass der »Berg« des Histogramms weder am linken noch am rechten Bildrand anstößt.

Vor dem Starten der Aufnahme gilt ein kontrollierender Blick noch den Einstellungen im Bereich [Bild]: Hier kann die maximale Auf-

✓ Tipp des Autors

Ich verwende zur Aufnahme der Sonnensequenzen die Software FireCapture, da die Software über viele Jahre entwickelt, an die Bedürfnisse von Astrofotografen angepasst wurde und stabil läuft (es gibt aber natürlich auch zahlreiche andere Programme, die ähnliche Funktionalitäten bieten). FireCapture ist eine sehr leistungsfähige Software zur Steuerung von ungekühlten Kameras, die zahlreiche der in der Astrofotografie verwendeten CMOS- und CCD-Kameramodelle unterstützt: verschiedene Kameras von Altair, Basler, FLIR, Lucid, NextImage, QHY, Skyris ebenso wie Kameras von The Imaging Source und ZWO. Zudem Unterstützt die Software auch die Verwendung einiger motorischer Filterräder (ASCOM, Homeyer, CFW8, CFW10, DFM, TrueTech) bei der Aufnahme sowie motorische und ASCOM-gesteuerte Fokussierer. Die mit FireCapture aufgezeichneten Bildsequenzen können in verschiedenen 8-Bit- und 16-Bit-Datenformaten gespeichert werden (AVI, SER, BMP, FIT, TIF).

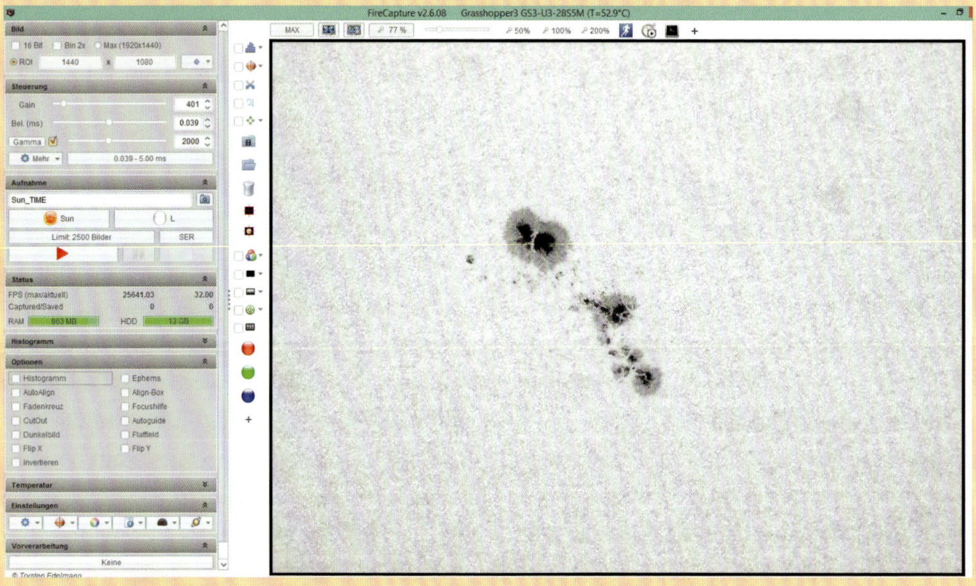

Screenshot der Software FireCapture von Torsten Edelmann während der Aufnahme von Sonnenflecken im Weißlicht. Zu sehen sind am linken Bildrand die Bereiche, in denen die Kameraeinstellungen ([Bild]) und Einstellungen zur Belichtungszeit und vorgenommen werden können ([Steuerung]). Der Bereich [Aufnahme] informiert über Dateiname und Aufnahmelänge. Hilfreich können zudem die im Bereich [Optionen] zuschaltbaren Einblendungen sein.

lösung der Kamera gewählt werden oder jede beliebige andere Auflösung, die hierzu im Feld [ROI] eingegeben werden kann.
Durch Anklicken des Aufzeichnungssymbols im Bereich [Aufnahme] kann die Aufnahme anschließend gestartet werden. Während der Aufnahme informiert der Bereich [Status] kontinuierlich über die aktuell verwendete Bildrate ([FPS (aktuell)]) sowie über die Anzahl der aufgenommenen ([Captured]) und auf den Datenträger geschriebenen ([Saved]) Bilder. Während der Aufnahme auch interessant sind die beiden Balken im Bereich [Status], da diese laufend über den noch verfügbaren Festplattenplatz informieren und die Auslastung des Arbeitsspeichers anzeigen. Gerade wenn umfangreiche Aufnahmen auf SSD-Speicher gespeichert werden sollen, kann hier kontrolliert werden, ob noch ausreichend Ressourcen für die geplante Aufnahmesequenz zur Verfügung stehen.
Sonnenaufnahmen mit FireCapture können in allen drei Wellenlängen stets nach diesem Ablauf erfolgen. Unterschiede werden sich vor allem in der Belichtungszeit ergeben, da für Aufnahmen im Weißlicht (bei Verwendung eines fotografischen Filters mit der Dichte 3,8) ausreichend Licht zur Verfügung steht. Bei Aufnahmen der Sonne im Hα-Licht sind Protuberanzen deutlich länger zu belichten als Strukturen auf der Sonnenoberfläche. Soll eine Übersichtsaufnahme der Sonnenoberfläche mit Protuberanzen aufgenommen werden, so ist es möglich, zwei getrennte Aufnahmen zu machen: Zunächst kann eine Aufnahmeserie erstellt werden, deren Belichtungszeit für die Sonnenscheibe optimiert ist und anschließend sollte eine zweite Aufnahmeserie gestartet werden, bei der die Belichtungszeit auf die korrekte Belichtung der Protuberanzen ausgelegt ist. In der digitalen Bildverarbeitung können die beiden Aufnahmen dann zu einem Bild zusammengefügt werden.
Auch Aufnahmen im Kalzium-Licht erfordern in der Regel längere Belichtungszeiten als Aufnahmen im Weißlicht, da die engbandigen Kalzium-Filter weniger Licht durchlassen als die Sonnenfilter für Weißlichtaufnahmen.
Aus dem Problem der genauen Ausrichtung der Montierung ergibt sich ggf., dass die Sonne während der Aufnahmesequenz aus dem Bildfeld der Kamera läuft. Da dies auf dem Notebook-Monitor live mitverfolgt werden kann, kann zeitnah mit entsprechenden Korrekturbefehlen gegengesteuert werden.

Qualitätskontrolle während der Aufnahmen

Die Möglichkeiten der Qualitätskontrolle während der Aufnahme sind bei der Sonnenfotografie recht eingeschränkt. Die exakte Schärfe kann parallel zur Aufnahme jederzeit durch das Livebild der Kamera auf den Notebook-Monitor kontrolliert werden. Ebenso zeigt das Histogramm jederzeit an ob die Belichtungszeit korrekt gewählt wurde, um keine Bildinformationen zu verlieren oder abzuschneiden. Eine Beurteilung der fertigen Bildergebnisse während der Aufnahme ist meist nicht möglich, da die digitale Bildverarbeitung der Sonnensequenzen in der Regel deutlich zeitaufwändiger ist, sodass diese nicht während der Aufnahmen nebenbei durchgeführt werden kann.

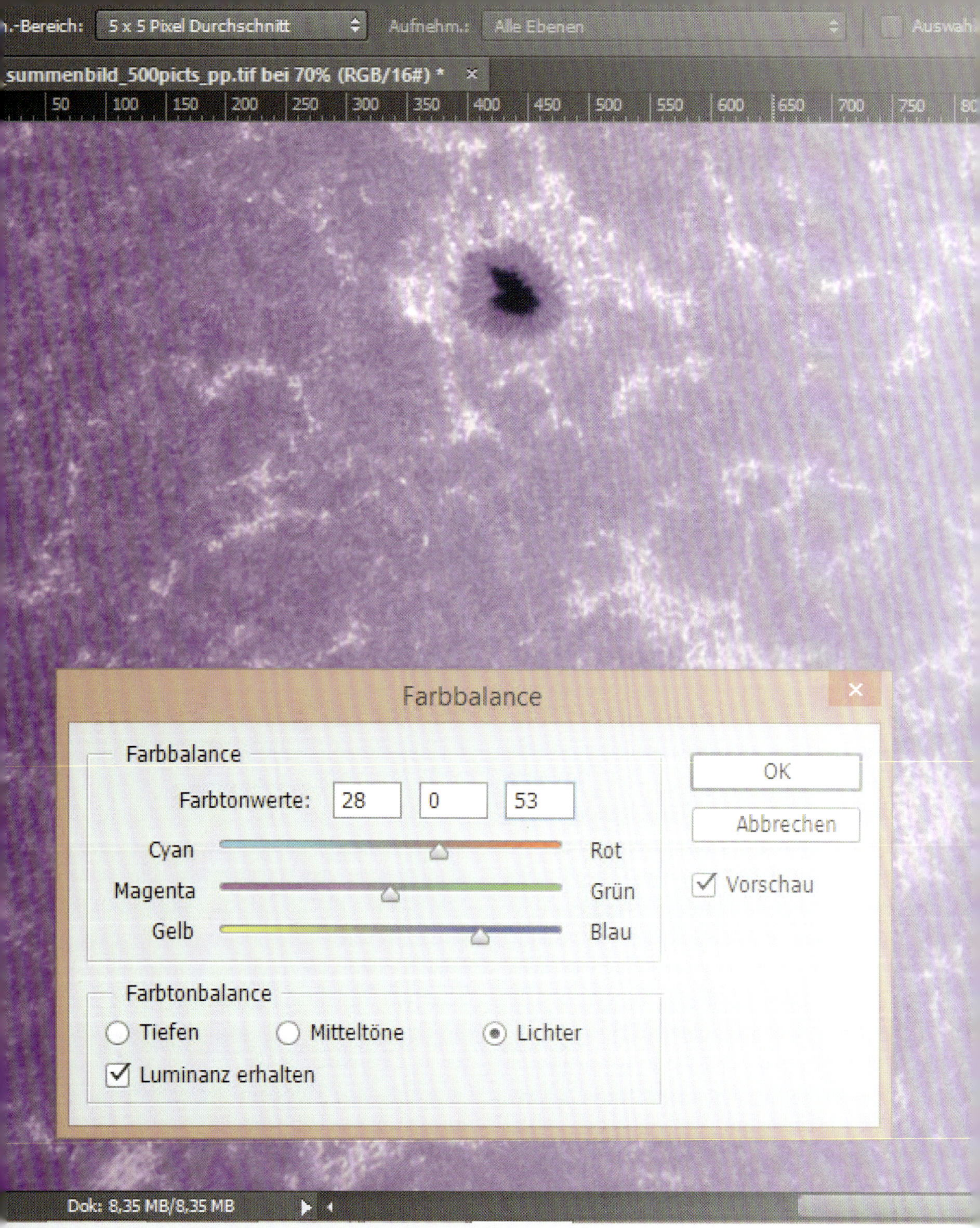
.-Bereich: 5 x 5 Pixel Durchschnitt
Aufnehm.: Alle Ebenen
summenbild_500picts_pp.tif bei 70% (RGB/16#) *
Farbbalance
Farbbalance
Farbtonwerte: 28 0 53
Cyan Rot
Magenta Grün
Gelb Blau
Farbtonbalance
Tiefen
Mitteltöne
Lichter
Luminanz erhalten
OK
Abbrechen
Vorschau
Dok: 8,35 MB/8,35 MB

KAPITEL 7

Bildverarbeitung

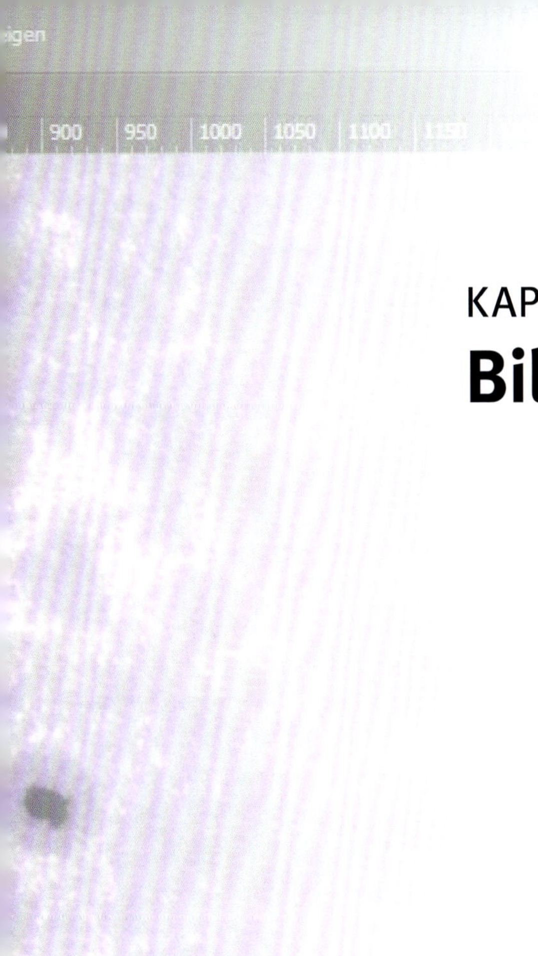

Für die folgende Beschreibung der Bearbeitung der Aufnahmesequenzen zu einem fertigen Bild kommen die seit vielen Jahren bewährten Softwarepakete AviStack2 und Photoshop zum Einsatz. Beide sind hier nur exemplarisch gewählt, es gibt zahlreiche Programme (beispielsweise Registax, Autostakkert, Fitswork etc.), die die gleiche oder eine ähnliche Funktionalität bieten.

Grundsätzlicher Ablauf

Ziel der digitalen Bildverarbeitung ist es, die in der SER-Datei enthaltenen vielen hundert oder tausend Einzelbilder zueinander auszurichten und so die Turbulenzen aus den Bildpositionen herauszurechnen. Anschließend werden die Aufnahmen nach ihrer Schärfe sortiert und in einem weiteren Schritt kann eine definierte Anzahl dieser schärfsten Aufnahmen zu einem Summenbild zusammengesetzt werden. Durch dieses »Stacking« der schärfsten Aufnahmen aus einer Aufnahmesequenz entsteht ein Einzelbild, das deutlich schärfer, detailreicher und rauschärmer ist als eine einzelne Aufnahme aus der Filmsequenz. Anschließend kann diese Summenaufnahme noch im Kontrast angepasst und ggf. farbig eingefärbt werden.

Vorbereiten der Daten

Alle zur Weiterverarbeitung notwendigen vorbereitenden Schritte wurden durch die entsprechenden Einstellungen bei der Aufnahme der Bildsequenz schon vorgenommen. Weitere vorbereitende Schritte sind nicht mehr notwendig. Die kostenlose Software AviStack2 wurde ursprünglich zur Verarbeitung von Mondaufnahmen entwickelt. Da es sich bei Aufnahmen der Sonne aber ebenfalls um Aufnahmen mit großflächigen Strukturen handelt, ist AviStack2 auch für die Verarbeitung von Sonnenaufnahmen sehr gut geeignet und bewährt sich seit Jahren. Im Rahmen der Bildverarbeitung kann AviStack2 mehrere hundert Referenzpunkte pro Bild verwenden, um die seeingbedingten Bildverzerrungen möglichst effektiv zu eliminieren. Eine Besonderheit von AviStack2 sind die zahlreichen Optionen, die eine Anpassung der einzelnen Schritte der Bildverarbeitung an

SER-Format

Je nach verwendeter Software können die Aufnahmesequenzen als Filme in ganz unterschiedlichen Formaten abgespeichert werden. Das SER-Format hat sich als Format für astronomische Aufnahmen durchgesetzt und wird von zahlreichen Astro-Programmen unterstützt. Eine SER-Datei enthält dabei eine Reihe von Einzelbildaufnahmen und es können zudem in der Datei auch Daten zu Einzelbildern und Metadaten wie Zeitstempel, Belichtungszeit, Instrument, Teleskop und Beobachter eingebunden werden.

✓ Tipp des Autors

Ich wähle AviStack, eine Software, die über viele Jahre gereift ist und in deren Entwicklung umfangreiches Feedback aus der Astro-Szene eingeflossen ist, für die zentralen Prozessschritte des Stackings, d.h. der Auswahl und Kombination der besten Aufnahmen mit der geringsten Luftunruhe. Für die weitere Bildverarbeitung wähle ich dann Photoshop, obwohl die eine oder andere der in Photoshop von mir realisierten Bearbeitungsschritte auch mit AviStack möglich wäre, da mir die Bearbeitungsschritte in Photoshop leichter und routinierter von der Hand gehen. Zudem habe ich einige Verarbeitungsschritte, wie beispielsweise das Einfärben von Hα-Aufnahmen in Photoshop als Makro angelegt und kann diese Schritte so automatisiert ablaufen lassen.

die individuellen Erfordernisse ermöglicht. Zudem lassen sich alle Arbeitsschritte soweit automatisieren, dass mehrere Aufnahmesequenzen automatisiert bearbeitet werden können, ohne dass der Anwender nach dem Starten der Stapelverarbeitung noch einmal eingreifen muss. AviStack2 ist für Windows64 und Windows32 verfügbar. Nach der Installation belegt die Software rund 60 MB.

Laden und Verarbeiten in AviStack2

Nach dem Starten von AviStack2 öffnen sich nebeneinander drei Fenster:

- Ein Fenster in dem die zu verarbeitenden Filmsequenzen geladen werden können und in dem auch Voreinstellungen zur Verarbeitung aus Scriptdateien geladen werden (wenn sich diese bei einer vorherigen Arbeitssitzung als erfolgreich erwiesen haben und abgespeichert wurden). Dies ist vor allem dann hilfreich, wenn mehrere Aufnahmesequenzen automatisiert nacheinander verarbeitet werden sollen.
- Ein zweites Fenster zeigt die einzelnen Prozessschritte der Bildverarbeitung und die dazugehörenden Parameter an. Diese Parameter können in großem Umfang variiert werden, um die Verarbeitungsschritte individuellen Wünschen und Anforderungen anpassen zu können.
- Das dritte Fenster zeigt den aktuellen Verarbeitungsfortschritt der Bildverarbeitung an.

Zunächst ist im Menü [File] über [Load movie] die zu verarbeitende Filmsequenz zu wählen. Anschließend kann der Verarbeitungsprozess über [Process file] gestartet werden (es können auch mehrere Filmsequenzen gemeinsam geladen und gemeinsam bearbeitet werden, hierzu ist der Prozess über

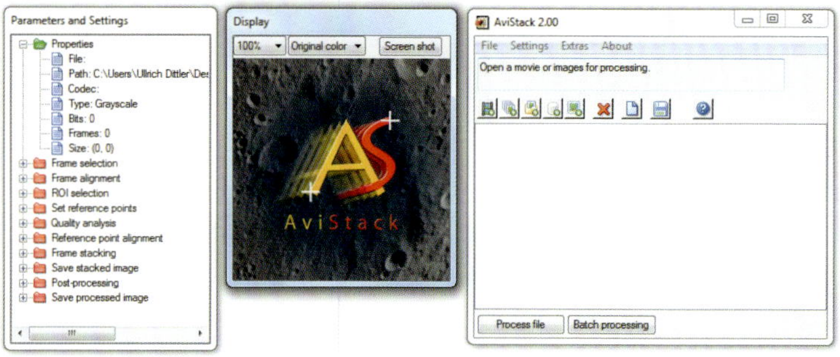

Nach dem Starten von AviStack2 öffnen sich drei Fenster (von rechts nach links): Ein Fenster zum Laden der Filme und Voreinstellungen, ein Fenster, das den aktuellen Arbeitsprozess anzeigt und ein Fenster, in dem die zur Bildverarbeitung relevanten Parameter eingestellt werden können.

[Batch processing] zu starten). Während des gesamten Verarbeitungsprozesses arbeitet AviStack2 die im Fenster [Parameter and Settings] genannten Arbeitsschritte ab und signalisiert durch grüne bzw. rote Färbung der Arbeitsschritte, bei welchem Prozessschritt sich das Programm gerade befindet. Jeder Prozessschritt kann dabei entweder automatisiert durchlaufen oder manuell gesteuert werden.

Nach dem Laden des zu verarbeitenden Films kann im zweiten Prozessschritt [Frame Selection] festgelegt werden, welche Bilder der Filmsequenz verarbeitet werden sollen. In diesem Schritt können damit beispielsweise Bilder, in denen Wolken vor die Sonne wandern, deaktiviert werden, damit sie das Endergebnis nicht stören. Zudem kann festgelegt werden, wie viele Einzelbilder des Films für die Erstellung des finalen Bildes verwendet werden sollen. Da nur die schärfsten Bilder der Sonne zu einem Summenbild verrechnet werden sollen, macht es keinen Sinn, diesen Wert auf 100% zu belassen – aber rund 100 Bilder sollten es (je nach Bildqualität der verwendeten Kamera) mindestens schon sein. Die Anzahl der zum finalen Summenbild zusammenzuführenden Aufnahmen kann wahlweise durch die Eingabe der Zahl oder durch die Auswahl des entsprechenden Prozentwertes mit dem Schieberegler erfolgen.

Im folgenden Prozessschritt [Frame alignment] können zwei oder mehr markante Punkte auf dem Bild markiert werden, die für die Ausrichtung der Einzelbilder des Films verwendet werden. Je mehr Punkte für die Ausrichtung des Bildes verwendet werden, umso länger dauert der Verarbeitungsprozess – umso besser wird aber ggf. auch das Ergebnis. Da wir bei den Sonnenaufnahmen Fotos flächiger Objekte bearbeiten, sollte bei [Alignment type] unbedingt [Surface] markiert

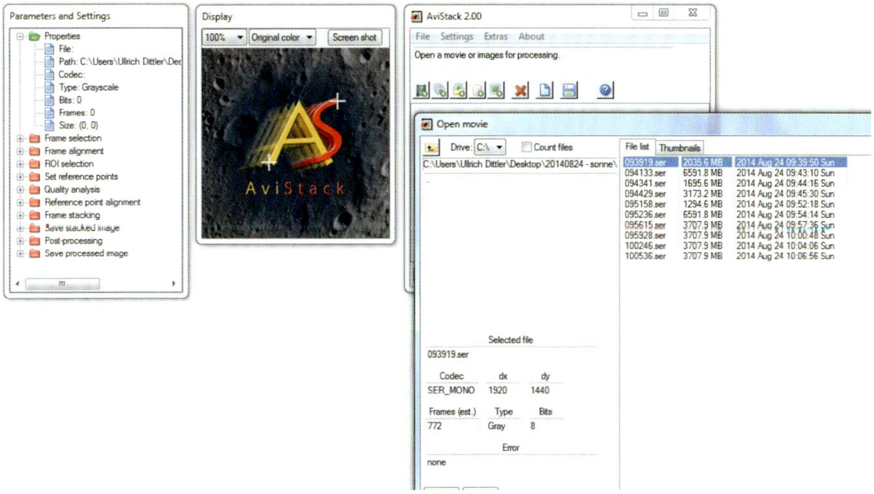

Das Fenster zum Laden der zu verarbeitenden Sonnensequenz in AviStack2.

sein. Der Prozess des Aligment kann auf dem Bildschirm mitverfolgt werden, wobei die Ziffern neben den Alignment-Markierungen jeweils anzeigen, um wie viele Pixel das Bild verschoben ist.

Die folgenden Prozessschritte [Roi Selection], [Set reference Points], [Quality analysis], [Reference Point alignment] können zunächst mit den Standardeinstellungen automatisiert durchlaufen werden. Im Prozessschritt [Frame Stacking] können noch Dunkel- und Flatfield-Aufnahmen in den Verarbeitungsprozess eingebracht werden – im Fall der Sonnenfotografie kann davon meist abgesehen werden, es sein denn, die verwendete Teleskop-Kamera-Kombination führt schon bei den kleinen Sensoren der verwendeten digitalen Kamera zu Abschattungen an den Bildecken.

Der Prozessschritt [Save stacked Images] bedarf wieder der Aufmerksamkeit des Anwenders, da hier der Pfad und das Datenformat für die Speicherung des verarbeiteten Bildes angegeben werden können. Zudem kann gewählt werden, ob nur der in allen Bildern vorhandene Bereich oder das gesamte Feld des errechneten Bildes gespeichert werden soll (in der Regel ergibt die Auswahl [Minimum Area] mehr Sinn). Auch Dateiformat und Bildtiefe können hier bestimmt werden – im Interesse einer möglichst hohen Bildqualität ist hier eine TIFF-Datei mit 16 Bit zu wählen.

Die zwei weiteren Prozessschritte [Postprocessing] und [Save processed Image] können optional durchgeführt werden: Hier ist beispielsweise die Anwendung eines Wavelet-Filters zur Bildschärfung möglich. Da die weitere Bearbeitung des Bildes aber ohnehin in Photoshop erfolgen soll, können diese optionalen Prozessschritte hier übersprungen werden.

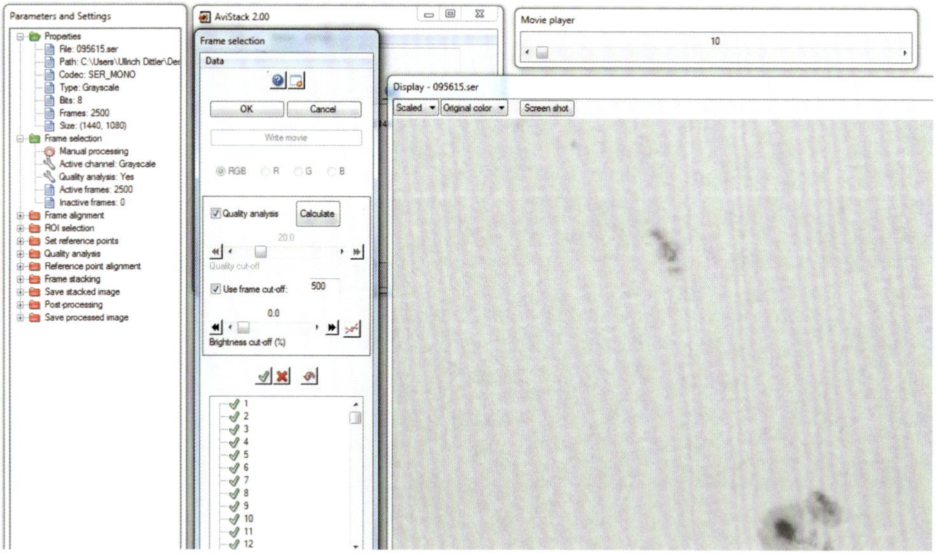

Im Rahmen des Verarbeitungsschrittes [Frame Selection] kann festgelegt werden, welche Bilder der Aufnahmesequenz verarbeitet werden sollen.

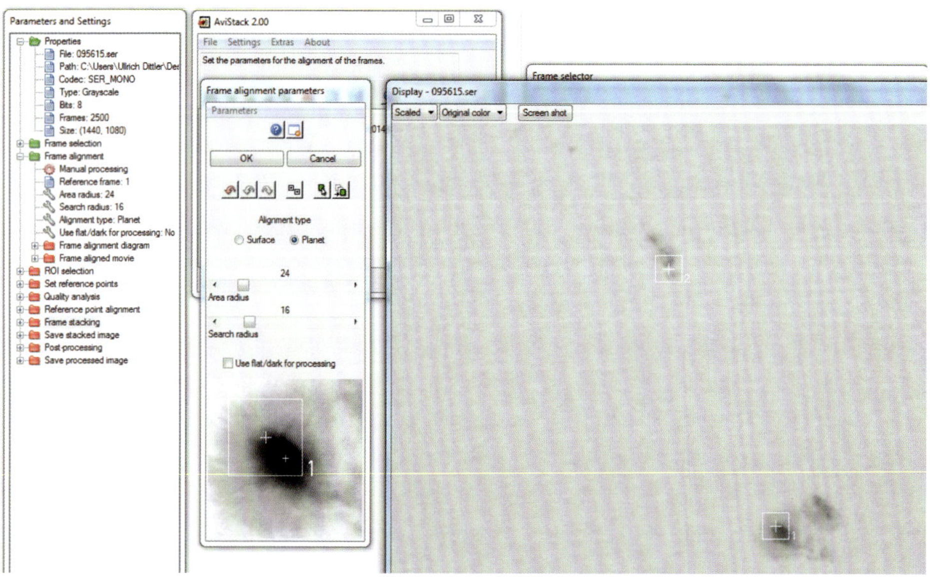

Im Rahmen des Alignment-Prozesses werden zwei oder mehr markierte Bereiche in allen Bildern der Filmsequenz zur Deckung gebracht und so alle Bilder zueinander ausgerichtet.

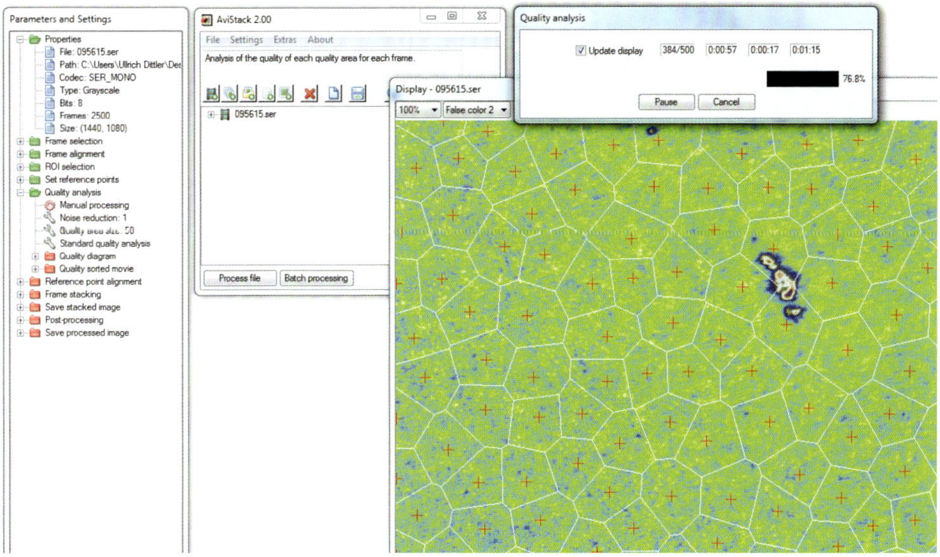

Die einzelnen Prozessschritte von AviStack2 können jederzeit auf dem Bildschirm mitverfolgt werden. Die Visualisierung erfolgt dabei teilweise in Falschfarben – wie hier bei der Qualitätsanalyse der Einzelbilder.

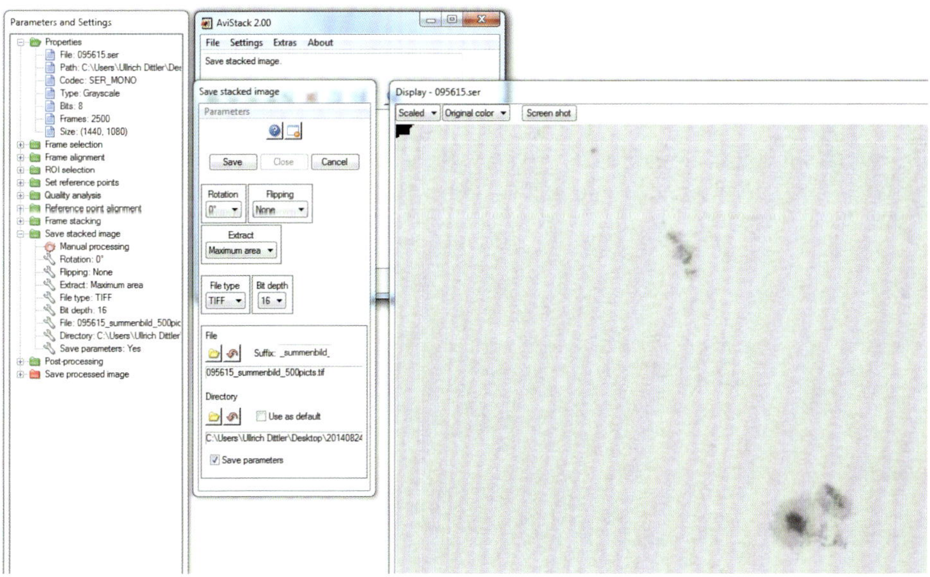

Das von AviStack2 errechnete Summenbild kann unter [Save stacked image] gespeichert werden, Dateiformat und Beschnitt können hier gewählt werden.

Laden und Weiterverarbeiten in Photoshop

Das in AviStack2 erstelle Summenbild mag auf den ersten Blick noch unscharf und flau erscheinen, Kontrastanpassung und Schärfung sind daher die wichtigsten Arbeitsschritte in Photoshop; Schmalbandaufnahmen wie bspw. Hα- und Kalzium-Aufnahmen können aus ästhetischen Gründen auch noch eingefärbt werden.

Gemeinsam ist den Sonnenaufnahmen im Weißlicht, den Aufnahmen der Sonnenflecken und Sonnenstrukturen im Hα- und Kalzium-Licht, dass in einem ersten Verarbeitungsschritt der Kontrast angepasst werden muss: Nach dem Laden des mit AviStack2 errechneten Summenbildes in Photoshop ist hierzu im Menü [Bild] unter [Korrekturen] der Eintrag [Tonwertkorrektur...] zu wählen. Das angezeigte Fenster zeigt das Histogramm des Summenbildes. Da es sich um eine Schwarzweiß-Aufnahme handelt, ist eine Anpassung der einzelnen R-, G- und B-Farbkanäle nicht sinnvoll; die Kontrastanpassung kann für alle Kanäle gleichzeitig erfolgen. Die unter dem Histogramm platzierten Dreiecke sind so zu verschieben, dass sie jeweils auf den Anfang und damit das erste Signal des Histogramms deuten, um eine Spreizung des flauen Bildes zu erreichen, in der Teile des Bildes dunkel-schwarz sind (die Sonnenflecken) und andere Teile des Bildes hellweiß (im Beispiel einer Kalzium-Aufnahme die deutlich strukturierten Bereiche um die Flecken herum). Das Ergebnis ist ein noch immer etwas unscharfes, aber nun deutlich kontrastreicheres Bild.

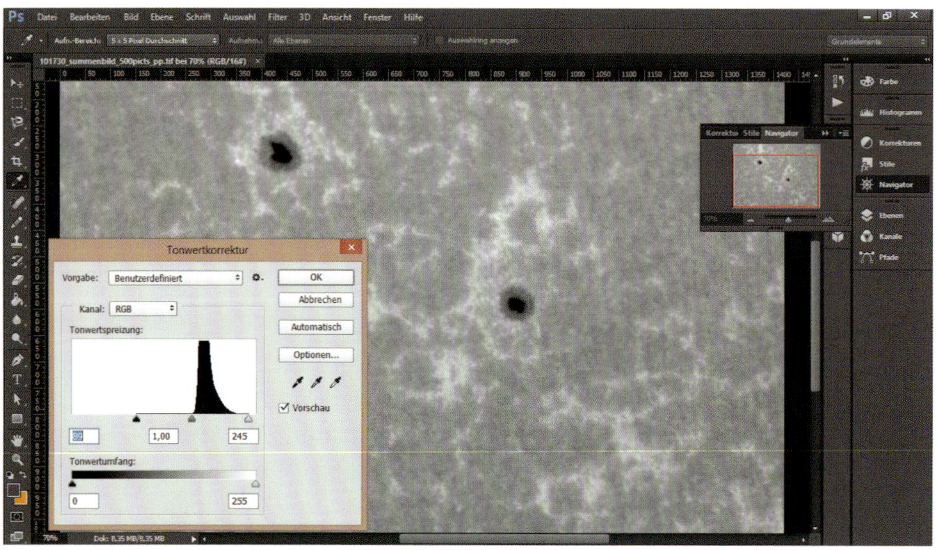

Zur Erhöhung des Kontrastes der Sonnenaufnahmen sollte zunächst der Kontrast der Aufnahme in Photoshop angepasst werden: Die Dreiecke unterhalb des Histogramms sind hierzu bis zum jeweiligen Beginn der Daten zu verschieben ohne hier Datenbereiche zu beschneiden.

✓ Tipp des Autors

Das hier vorgestellte Vorgehen zur Verarbeitung von Sonnenaufnahmen im Weißlicht, im Hα-Licht oder im Licht der Kalziumlinien ist nur ein Vorschlag für den Einstieg in die Bildverarbeitung von Sonnenaufnahmen. Es gibt zahlreiche andere Vorgehensweisen, um zu gleich guten (oder besseren) Ergebnissen zu kommen. Die Kunst der Erstellung von überzeugenden Aufnahmen besteht vor allem in Schärfungsprozessen (alternativ zur Unscharfen Maske können auch sehr erfolgreich Wavelet-Filter eingesetzt werden) und in den Kontrast- und Farbanpassungen der Sonnenaufnahmen. Schnell zeigt sich, dass der Aufwand für die Erstellung ansprechender Sonnenfotos eher in der digitalen Bildverarbeitung steckt als in der Erstellung der Aufnahmesequenz am Teleskop.

Die Schärfung des so entstandenen Bildes ist der nächste Arbeitsschritt in Photoshop: Im Menü [Filter] stehen verschiedene [Scharfzeichnungsfilter] zur Verfügung, von denen der Vorgang des [Unscharf maskieren…] zu guten Ergebnissen führt. Es kann in dem sich öffnenden Fenster sowohl die Stärke als auch der Radius eingestellt werden. Je höher diese Werte gewählt werden (beispielsweise Stärke 300 und Radius 3), desto deutlicher fallen die Schärfungsergebnisse aus – umso unnatürlicher erscheint aber auch das entstehende

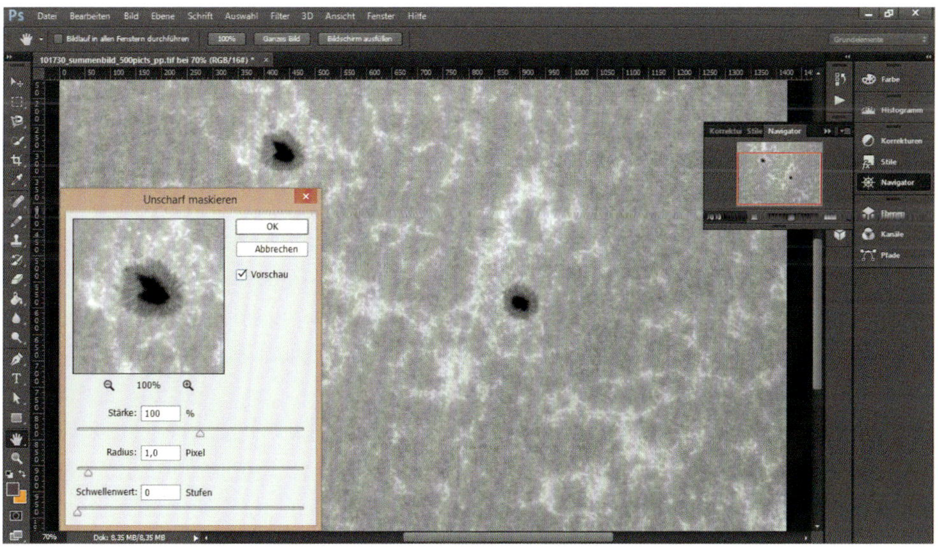

Die Sonnenaufnahmen können über die Funktion [Unscharf Maskieren] in Photoshop geschärft werden. Bei der Wahl der Einstellungen für Stärke und Radius der Schärfung sollte moderat vorgegangen werden, um einen natürlichen Bildeindruck beizubehalten.

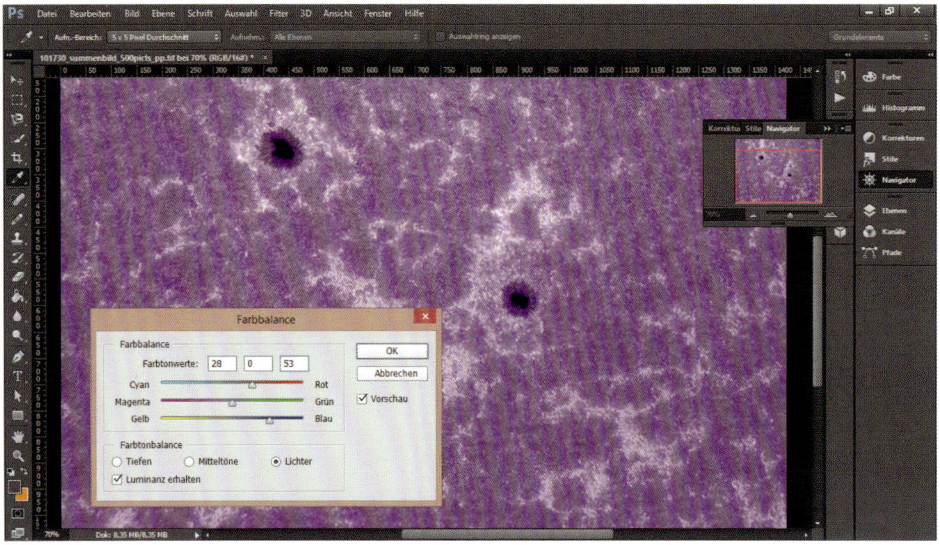

Um die Aufnahmen der Sonne in den verschiedenen Linien einzufärben, kann die Farbbalance für Tiefen, Mitteltöne und Höhen individuell angepasst werden.

Bild. Hilfreich ist beim Prozess des Schärfens das Vorschaufenster, das die Auswirkungen der eingestellten Werte anhand eines kleinen Ausschnitts direkt anzeigt. Es ist ratsam, mit moderaten Einstellungen zu schärfen (beispielsweise Stärke 100 und Radius 1) und diesen Schärfungsprozess mehrfach anzuwenden, statt einmal mit höheren Werten zu schärfen.

Diese Schritte der Kontrastanpassung und der Schärfung sind für Sonnenaufnahmen in allen drei Linien gleichermaßen geeignet. Für die Aufnahmen im Kalzium-Licht und im Hα-Licht bietet es sich an, diese aus ästhetischen Gründen in einem nächsten Schritt einzufärben. Im Menü [Bild] kann hierzu unter [Korrekturen] der Eintrag [Farbbalance…] gewählt werden. In dem sich öffnenden Fenster können für die Tiefen, die Mitteltöne und die Lichter des Bildes Farbwerte zugeordnet werden, indem diese Werte direkt als numerische Eingaben vorgenommen werden oder indem die Werte durch Verschieben der Regler eingestellt werden. Um Aufnahmen der Sonne im Kalzium-Licht blau einzufärben, können die Blauwerte sowohl für die Lichter als auch für die Mitteltöne und die Tiefen auf 70 gesetzt werden. Diese Werte stellen nur Empfehlungen dar, persönliche Vorlieben und ästhetisches Empfinden sollten hier ausschlaggebend sein.

Bearbeitung eines Hα-Bildes

Bei der Verarbeitung von Sonnenaufnahmen im Hα-Licht kann sinnvollerweise zwischen der Bearbeitung von Aufnahmen der Sonnenoberfläche und Aufnahmen von Protuberanzen unterschieden werden: In der Regel müssen Aufnahmen von schwach leuchtenden Protuberanzen mit längeren Belichtungszeiten aufgenommen werden als Aufnahmen der heller leuchtenden Sonnenoberfläche. Wenn also nun eine Aufnahme angefertigt werden soll, die dem visuellen Eindruck entspricht, d.h. die Aufnahme einer korrekt belichteten Protuberanz, die über der ebenfalls korrekt belichteten Sonnenscheibe steht, so sind hierfür bei Kameras mit begrenztem Dynamikumfang oft zwei Aufnahmesequenzen mit unterschiedlichen Belichtungszeiten notwendig.

Diese beiden Sequenzen sind zunächst unabhängig voneinander in AviStack2 und in Photoshop zu verarbeiten. Die Verarbeitung der Hα-Aufnahme der Sonnenoberfläche kann dabei in der gleichen Form erfolgen wie dies für die Aufnahme im Kalziumlicht beschrieben wurde; mit dem Unterschied, dass beim Einfärben der Sonnenoberfläche nicht der Blauwert für die Tiefen, die Mitteltöne und die Höhen in der Farbbalance angehoben werden sollte, sondern der Wert für Rot.

Die Aufnahme der Protuberanz erfolgt in AviStack2 ebenfalls in der geschilderten Form, bei der Kontrastanpassung und anschließenden Schärfung in Photoshop ist aber darauf zu achten, dass die filigrane Struktur der Protuberanz herausgearbeitet wird – auch wenn dabei alle Strukturen der Sonnenoberfläche überstrahlt und ausgebrannt erscheinen werden.

In einem weiteren Schritt können anschließend die Aufnahme der Sonnenscheibe und

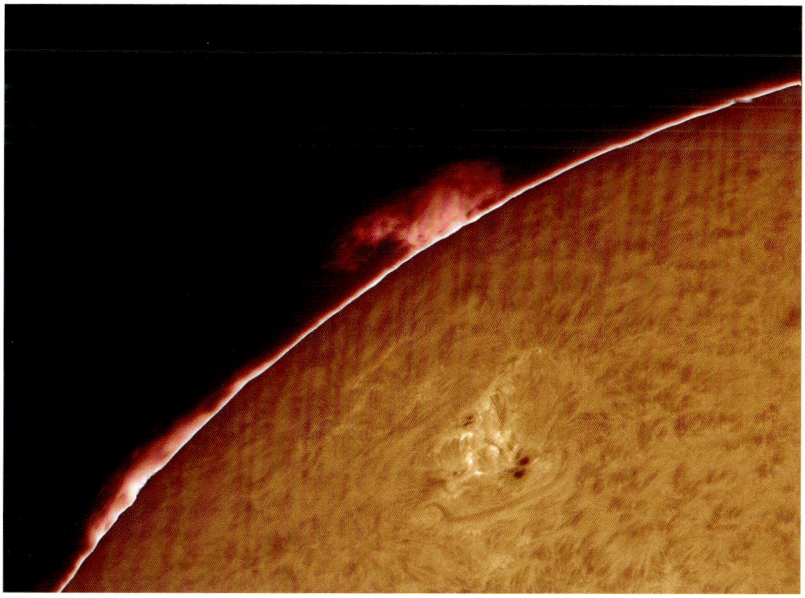

Summenbild von Sonnenscheibe mit Protuberanz. Diese Aufnahme wurde aus zwei unterschiedlich lang belichteten Aufnahmen der Sonnenoberfläche und der Protuberanzen zusammengefügt.

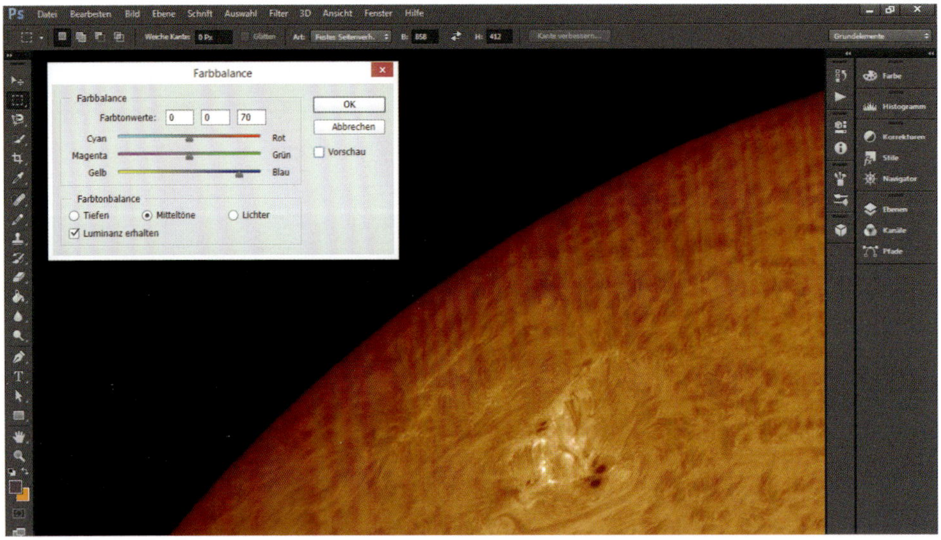

Um Aufnahmen der Sonne im Hα-Licht einzufärben, werden hier sowohl für die Höhen als auch Mitteltöne und Tiefen jeweils der Rotwert neu gesetzt.

die Aufnahme der Protuberanz miteinander kombiniert werden. Hierzu sind beide Aufnahmen in Photoshop zu öffnen, anschließend die Aufnahme der Protuberanz zu markieren ([Strg] + [a]), in die Zwischenablage zu kopieren ([Strg] + [c]) und als neue Ebene in das Bild der bearbeiteten Sonnenoberfläche zu kopieren ([Strg] + [v]). Anschließend kann die Deckkraft der Ebene mit der Protuberanz-Aufnahme reduziert werden (beispielsweise auf 50%) und mit der Maus und den Pfeiltasten so lange verschoben werden, bis die Sonnenränder beider Aufnahmen exakt deckungsgleich übereinander liegen.

Anschließend muss noch die überstrahlte Sonnenoberfläche aus der Protuberanzen-Ebene herausgelöscht werden, um die darunterliegende korrekt belichtete Sonnenscheibe sichtbar werden zu lassen: Hierzu kann das magnetische Lassowerkzeug von Photoshop verwendet werden. Alternativ zum nicht ganz exakt arbeitenden Lassowerkzeug kann auch eine kreisrunde Maske verwendet werden (diese kann erstellt werden, indem bei der Benutzung des Auswahlellipsen-Werkzeugs die Hochstell-/Shift- Taste gedrückt wird), deren Größe experimentell zu ermitteln ist (über [Erweitern…] oder [Verkleinern…] im Untermenü [Auswahl verändern] im Menü [Auswahl] bzw. mittels der Tasten [ö] und #). Im Ergebnis entsteht so eine Aufnahme, die die korrekt belichtete Protuberanz über der korrekt belichteten Sonnenoberfläche zeigt.

Die Kombination der beiden unterschiedlich lang belichteten Aufnahmen führt zu Schwierigkeiten in der Darstellung des Sonnenrandes. Der beim beschriebenen Vorgehen entstehende weiße Rand kann entweder als ästhetisches Element des Übergangs zwischen beiden Einzelbildern verstanden werden oder er wird als störend und unnatür-

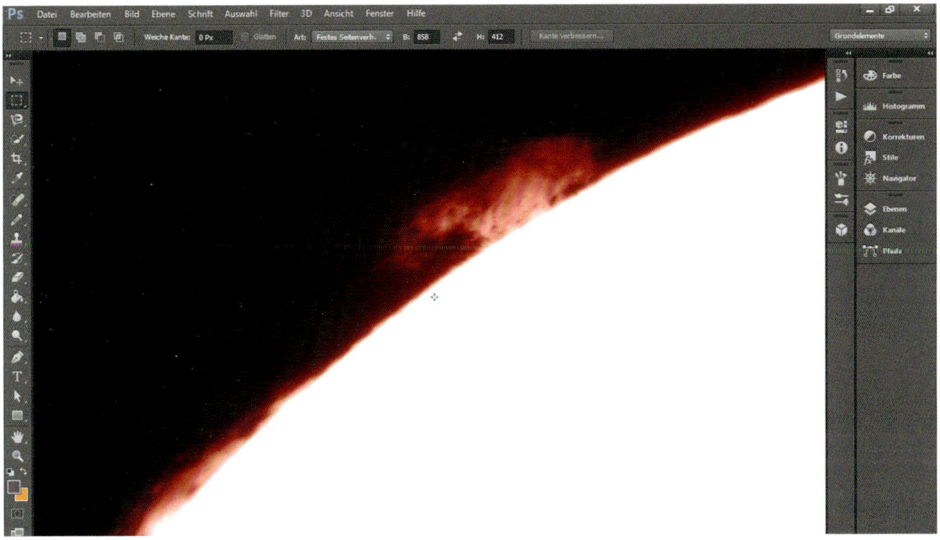

Bei der Kontrastanpassung und Schärfung der Aufnahmen einer Protuberanz ist darauf zu achten, dass die Struktur der Protuberanz herausgearbeitet wird – die Sonnenoberfläche wird dabei meist ausgebrannt und strukturlos erscheinen.

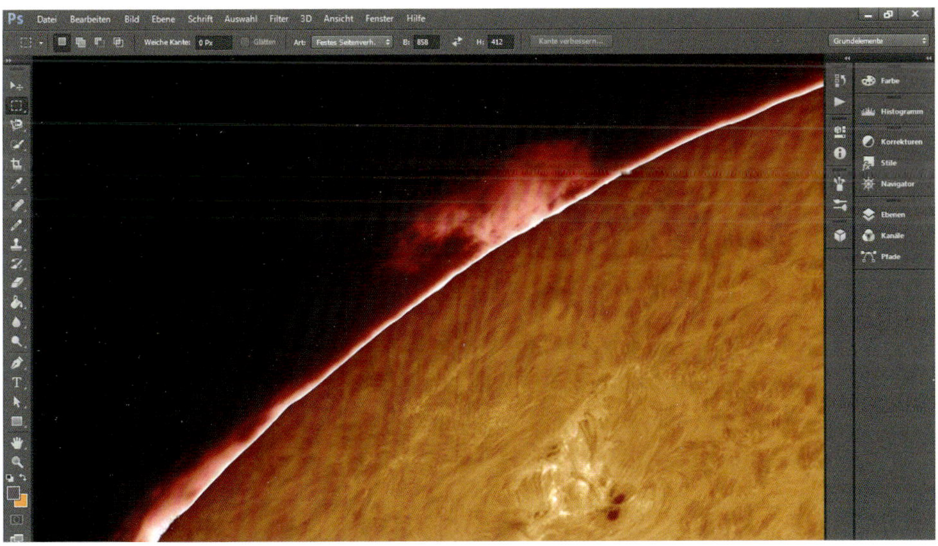

Die unterschiedlich bearbeiteten Aufnahmen der Sonnenoberfläche und der Protuberanz können anschließend in Photoshop in einem Bild zusammengefügt werden.

Erzeugung einer »künstlichen Sonnenfinsternis«

Die Kombination einer Hα-Aufnahme der Sonnenoberfläche und einer Protuberanzen-Aufnahme in der beschrieben Form hat das Ziel, ein Bild zu schaffen, das dem visuellen Eindruck der Sonnenbeobachtung im Hα-Licht entspricht. Sollen hingegen die – ggf. schwachen – Protuberanzen betont werden, so reicht ein Bild der Protuberanzen aus, bei dem die überstrahlte Sonnenoberfläche durch einen schwarzen Kreis abgedeckt wird. Besonders reizvoll an einer derartigen Bildgestaltung ist, dass sie an den Anblick der Sonne bei einer totalen Sonnenfinsternis erinnert.

Die Erzeugung dieser »künstlichen Sonnenfinsternis« ist relativ einfach: In einem ersten Schritt der Bildverarbeitung in Photoshop werden wieder Kontrast und Schärfe des Bildes optimiert. Anschließend fügt man eine neue Ebene hinzu, in der der Kreis der künstlichen Sonnenfinsternis erzeugt werden soll. Hierzu ist mit dem Ellipsen-Werkzeug ein Kreis aufzuziehen (dabei Taste Umschalt-/Shift-Taste gedrückt halten, damit keine Ellipse, sondern ein Kreis erzeugt wird).

Damit der erzeugte Kreis die passende Größe erhält, ist im Menü [Auswahl] über [Auswahl verändern] und [Verkleinern...] bzw. [Erweitern...] die Größe des Kreises ggf. in mehreren Schritten anzupassen und so zu verschieben, dass der erzeugte Kreis exakt die Sonnenoberfläche bedeckt. Um zu verhindern, dass die Kante des Kreises sehr hart erscheint, kann diese im Menü [Auswahl] wieder unter [Auswahl verändern] mit dem Menüpunkt [Weiche Kante...] etwas weicher gestaltet werden (Wert 2 ist als Ausgangspunkt für eigene Versuche geeignet). Um den erzeugten und an der Kante weichgezeichneten Kreis nun noch schwarz zu füllen, kann im Menü [Bearbeiten] unter [Fläche füllen...] der Eintrag [Verwenden] auf [Schwarz] und [Deckkraft] auf 100 % gesetzt werden. Abschließend können die Protuberanzen noch eingefärbt werden: Nach dem Wechsel auf die Ebene der Protuberanzen hierzu im Menü [Bild] im Untermenü [Korrekturen] wieder den Eintrag [Farbbalance] wählen und den Rotwert für Tiefen, Mitteltöne und Höhen wie gewünscht erhöhen.

Gegenüberliegende Seite: Ansicht der Sonne im Hα-Licht. Für die erste Aufnahme wurden zwei Belichtungen der Sonnenscheibe und der Protuberanzen kombiniert, für die zweite Aufnahme wurden zur Betonung der Protuberanzen eine »künstliche Sonnenfinsternis« in Form eines schwarzen Kreises erzeugt.

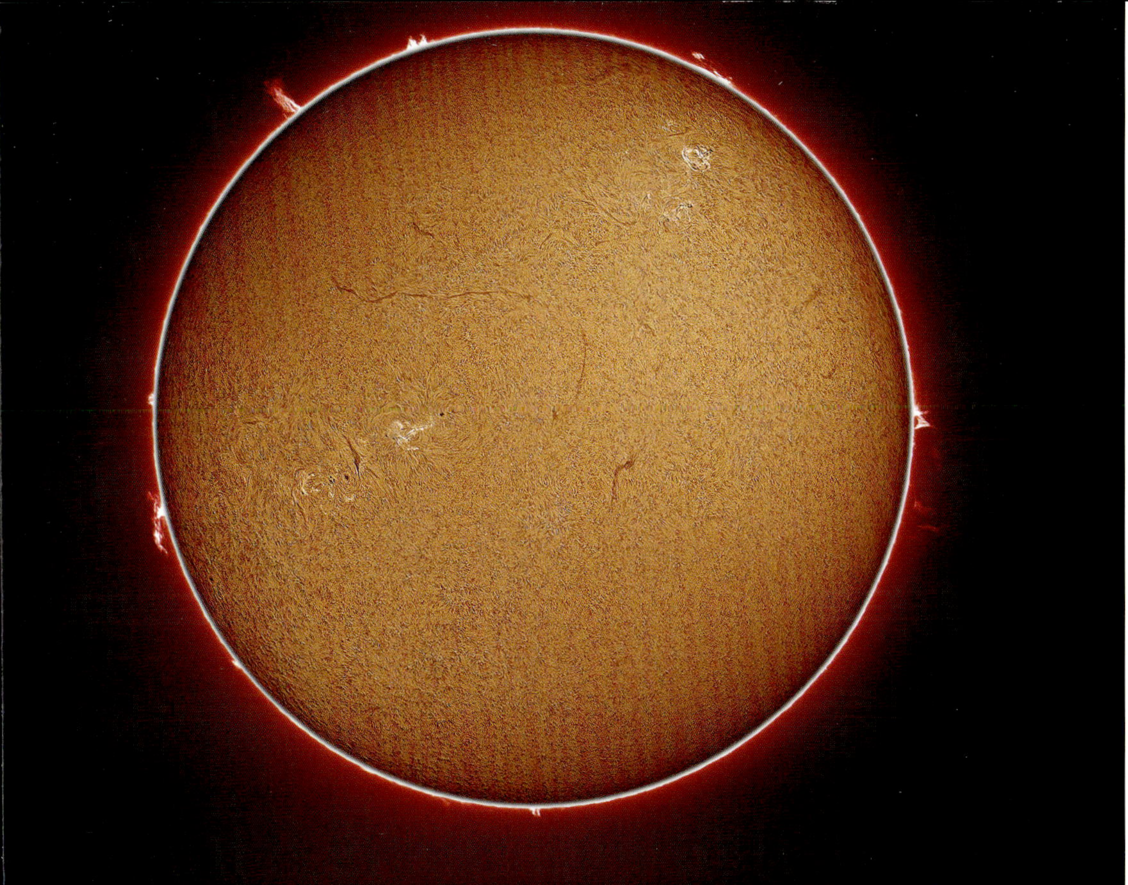

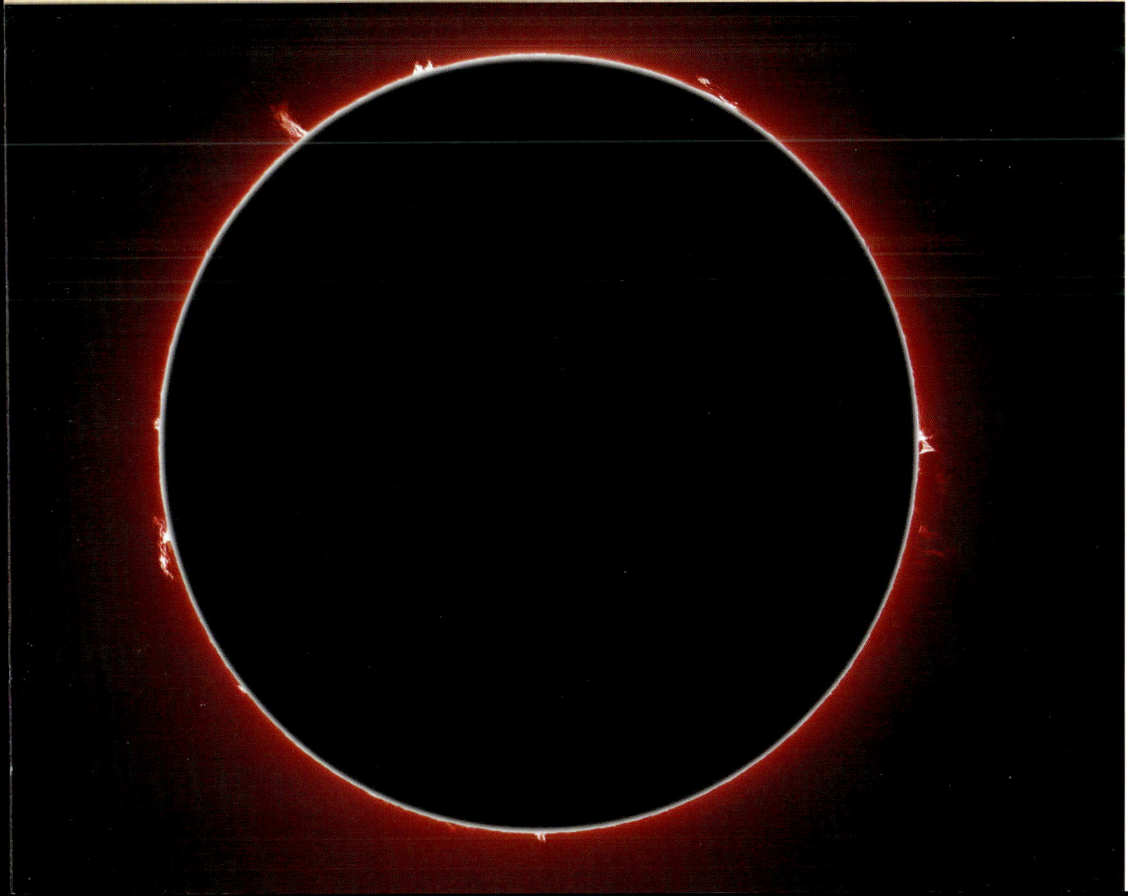

Aufnahmen mit engbandigen Hα-Filtern

Kommen engbandige Hα-Filter zum Einsatz, so ist es möglich genug detaillierte Strukturen der Sonnenoberfläche und der Protuberanzen bei geeigneter Wahl der Belichtungszeit auch auf einem Bild sichtbar zu machen. Um bei der Bildverarbeitung die Strukturen auf der Sonne herauszuarbeiten, ohne die Struktur und die Zeichnung der Protuberanzen zu verlieren, bietet sich der Einsatz der Gradationskurven an (statt der Bildverarbeitung über die Anpassung der Tonwertkorrektur-Regler): Das gestackte Summenbild wird zunächst wieder in Photoshop geladen und die Gradationskurven aufgerufen (Strg + m). Anschließend sollte mit gedrückter Strg-Taste auf die Protuberanz geklickt werden, damit in der Gradationskurve im unteren Bereich die Stelle mit einer schwarzen Raute markiert wird, die die Helligkeit der Protuberanzen anzeigt – denn diese sollen später herausgearbeitet werden. Zunächst kann die Gradationskurve im oberen Viertel zu einem extremen »S« verformt werden, um die Strukturen und Kontraste auf der Sonnenoberfläche sichtbarer zu machen. Durch die vorherige Markierung bleiben die Protuberanzen zunächst unverändert, diese können nun noch stärker betont werden, indem deren Markierungsraute nach oben gezogen wird

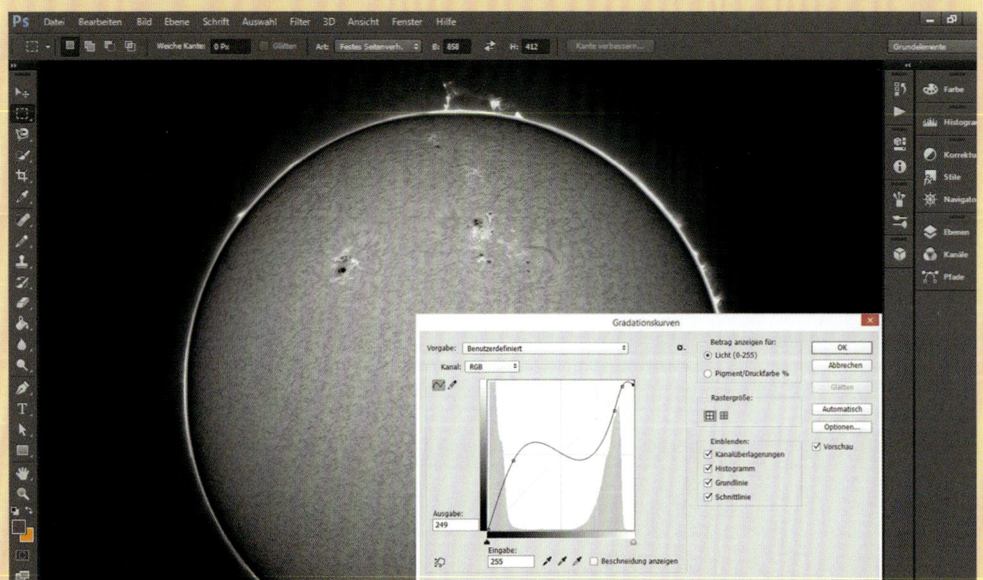

Wenn ausreichend Strukturen von Sonnenoberfläche und Protuberanzen in der Sonnenabbildung vorhanden sind, so können diese über die Anpassung der Gradationskurve auch gemeinsam herausgearbeitet werden.

lich angesehen. Er kann vermieden werden, indem nicht nur zwei Bilder zu einem Bild montiert werden, sondern drei, vier oder fünf Einzelbilder. Während die Belichtungszeiten für die Bilder der Sonnenoberfläche und der Protuberanzen sich an den jeweiligen Objekten orientieren, werden die Belichtungszeiten für die zusätzlichen Bilder so gewählt, dass sie in möglichst gleichmäßigen Abständen zwischen diesen Belichtungszeiten für Sonnenoberfläche und Protuberanzen liegen. Diese zusätzlichen Bilder können dann bei der Bildverarbeitung als zusätzliche Ebenen zwischen die Sonnenoberfläche und die Protuberanzen-Ebene eingefügt werden.

Speichern der Ergebnisse

Das Format der Speicherung des in AviStack2 erzeugten und in Photoshop finalisierten Bildes hängt vom Verwendungszweck ab: Für einfache Präsentationen des Bildes auf einer Webseite kann es ratsam sein, das Bild im JPG-Format und in einer kleineren Auflösung zu speichern.

Soll ein Poster oder ein hochwertiger Ausdruck erstellt werden, so richten sich Dateiformat und Auflösung nach den Vorgaben des Drucks – in jedem Fall sollte aber die finale Photoshop-Datei in der Originalgröße im Photoshop-Dateiformat gespeichert werden, um eine Datei ohne Informationsverlust aufbewahren zu können.

Literaturhinweise

- Banisch, Jürgen. (2014). Die Sonne: Eine Einführung für Hobby-Astronomen. Erlangen: Oculum.
- Dittler, Ullrich; Martin, Axel & Koch, Bernd. (2016). Handbuch Astrofotografie: Grundlagen und Praxis für Hobby-Astronomen. Erlangen: Oculum.
- Friedrich, Susanne; Friedrich, Peter & Schröder, Klaus-Peter. (202015). Handbuch Astronomie: Grundlagen und Praxis für Hobby-Astronomen. Erlangen: Oculum.
- Matting, Wolfgang. (1995). Die Sonne. C.H.Beck.
- Mobberley, Martin. (2007). Total Solar Eclipses and how to Observe Them. Berlin: Springer.
- Michael Möller. (2012). Schmetterlingsdiagramm aus 228755 Positionen. https://forum.astronomie.de/threads/schmetterlingsdiagramm-januar-1980-bis-juli-2021.310163/
- Nicolson, Ian. (1982). Die Sonne: Ein Atlas der Sonne, veröffentlicht in Zusammenarbeit mit der Royal Astronomical Society. Freiburg i. Br., Herder.
- Reinsch, Klaus; Beck, Rainer; Hilbrecht, Heinz & Völker, Peter. (Hrsg.). (1999). Die Sonne beobachten. Heidelberg: Sterne und Weltraum.
- VdS-Fachgruppe Sonne. (2024). Sonne: Mitteilungsblatt der Amateursonnenbeobachter. Online verfügbar unter https://sonneonline.org/Archiv/archiv.php
- VdS-Fachgruppe Sonne. (2016). Sonne: Einführung in die Sonnenbeobachtung. 6. Überarbeitete Auflage. Online verfügbar unter https://sonneonline.org/de/Einfuehrungsschrift_2016_Dateien/Sonne_Einf%C3%BChrungsschrift_2016.pdf
- Viladrich, Christian (Hrsg.). (2021). Solar Astronomy: Observing, imaging and studying the sun. Saint-Lys: Axilone.
- Weigand, Mario & Geyer, Sabrina. (2010). Sonne – Mond – Planeten beobachten und fotografieren. Stuttgart: Kosmos.
- Wilkinson, John. (2012). New Eyes on the sun: A Guide to Satellite Images and Amateur Observation. Berlin: Springer.
- Zoller, Julian. (2015). Sonnenfotografie - Techniken und Möglichkeiten auch für die Schule. In: Astronomie + Raumfahrt im Unterricht, 51 (2014) 3/4, S. 66-70.

✓ Tipp des Autors

Zahlreiche weitere Fotos der Sonne in den unterschiedlichen Wellenlängen sowie Reiseberichte zu Sonnenfinsternissen finden Sie auf meiner Webseite www.sonnenwind-observatorium.de

Schlagwortverzeichnis

Impressum

1. Auflage, ISBN 978-3-949370-13-7

© 2024 Oculum-Verlag GmbH, Erlangen

Oculum-Verlag, Werner-von-Siemens-Str. 19,
91052 Erlangen
www.oculum.de, info@oculum.de

Dieses Werk inklusive all seiner Bestandteile ist urheberrechtlich geschützt. Jede Reproduktion, Vervielfaltigung, digitale Speicherung und Wiedergabe, auch nur auszugsweise und von einzelnen Abbildungen und Grafiken, bedarf wenigstens der ausdrücklichen schriftlichen Genehmigung des Verlages. Zuwiderhandlungen unterliegen den Strafbestimmungen des Urheberrechtsgesetzes. Markennamen und Handelsbezeichnungen sind, auch wenn nicht als solche kenntlich gemacht, Eigentum der jeweiligen Marken-Inhaber.

Haftungsausschluss

Für die Aktualität, Korrektheit, Vollständigkeit oder Qualität der bereitgestellten Informationen kann keine Gewähr übernommen werden. Haftungsansprüche, die sich auf Schaden materieller oder ideeller Art beziehen, die durch die Nutzung oder Nichtnutzung der zur Verfügung gestellten Informationen bzw. durch die Nutzung fehlerhafter oder unvollstandiger Informationen verursacht wurden, sind grundsätzlich ausgeschlossen.